Kristiina Ehin

1001 WINTERS

1001 TALVE

Translated from the Estonian by Ilmar Lehtpere

BITTER OLEANDER
PRESS
2012

The Bitter Oleander Press
4983 Tall Oaks Drive
Fayetteville, New York 13066-9776
USA

www.bitteroleander.com
info@bitteroleander.com

copyright © Kristiina Ehin

Translations copyright © Ilmar Lehtpere except:

"How to explain my language to you", "Blades of the fading summer's grass in your hair", "Unrequited Loves", "Autumn has begun", "Forest and Town", "Morning full of night's golden pollen", "Before going we pack up", "The Greatest of These", "Two white butterflies", "Do you remember the time", "The faithful row of bare trees of my home", "Through the blossoming maple", "St John's Eve", "Time devoured my old ears", "A road of red clover", "Left quite still from the noise", "I stepped barefoot", "I give a start I tremble", "My breath catches for a moment", "To be at one and the same time newborn child and childbearer", "You and I have changed completely with the sun", copyright © Ilmar Lehtpere and Modern Poetry in Translation

These translations are published with the support of a Traducta grant from the Cultural Endowment of Estonia.

ISBN# 0-9786335-8-X

Library of Congress Control Number: 2012950807

All rights reserved.

No part of this book may be used or reproduced in any manner whatsoever without written permission except in the case of brief quotations embodied in critical articles and reviews.

Cover Illustration: Kristiina Ehin
Backcover Photograph: Ardo Säks
Layout & Design: Roderick Martinez

Distributed in the United States by Small Press Distribution, Inc.
Berkeley, CA 94710-1409
www.spdbooks.org

Manufactured in the United States of America

ACKNOWLEDGMENTS

Many of these translations have been selected from Kristiina Ehin's previous collections in English:

The Drums of Silence (Oleander Press, UK, 2007)
Noorkuuhommik – New Moon Morning (Huma, Estonia, 2007)
Põletades pimedust – Burning the Darkness - An Dorchadas á Dhó
    (Coiséim, Ireland, 2009)
The Scent of Your Shadow (Arc Publications, UK, 2010)
The Final Going of Snow (MPT Poets, UK, 2011)

Some of the translations have originally appeared in the following literary magazines:

The Bitter Oleander (US), *Modern Poetry in Translation* (UK), *Cyphers* (Ireland), *Poetry Ireland Review* (Ireland), *Poetry Wales* (UK), *Orbis* (UK), *The Stinging Fly* (Ireland), *Crannóg* (Ireland) and *ELM* (Estonia)

Most of the Estonian originals have been selected from Kristiina Ehin's books of poetry published in Estonia:

Kevad Astrahanis (Huma, 2000)
Simunapäev (Huma, 2003)
Luigeluulinn (Huma, 2004)
Kaitseala (Huma, 2005)
Noorkuuhommik – New Moon Morning (Huma, 2007)
Emapuhkus (Pandekt, 2009)
Viimane Monogaamlane (Pegasus, 2011)

Kristiina Ehin and Ilmar Lehtpere express their heartfelt gratitude to Sadie Murphy and Paul B. Roth for their constant encouragement, help and support in compiling this collection.

SISUKORD / CONTENTS

Olen kärjekujulise universumi	16
I am the big drowsy queen bee	17
Kui sureme läheme surnute maale	18
When we die we go to the land of the dead	19
Mu sinises kleidis on praod	20
There are cracks in my blue dress	21
Kui räästad tilguvad	22
When the eaves are dripping	23
Märtsiõhtud punetavad	24
March evenings grow red	25
On palav päev Brežnevi ajal	26
A hot day in Brezhnev's time	27
Mu jäsemed moonduvad	28
My limbs metamorphose	29
See tuba	30
This room	31
Magan mudana metsas	32
I sleep as mud in the forest	33
PÕUD	34
DROUGHT	35
Olla üheaegselt sündinu ja sünnitaja	36
To be at one and the same time newborn child and childbearer	37
Taevas tõmbus koomale	38
The sky drew in closer	39
Kas tõesti ka seekord	40
Will spring really come	41
On aeg kus võib näha	42
It is a time you can see	43

Siber on nii hall	44
Siberia is so grey	45
Moskvasse tantsides tulin	46
I came dancing into Moscow	47
Seksuaalsus sina imeline taim	48
Sexuality you wondrous plant	49
Tuhat inimest kutsuti kord pulma	50
A thousand people were once invited to a wedding	51
Sa istud laua taga ja kirjutad	54
You sit at your table and write	55
NAISTERÖÖVIJA	56
RAVISHER OF WOMEN	57
Sajab hirmpeent lund	58
Fearfully fine snow falling	59
Nägin unes	60
In a dream	61
Nuusutan sind südaöisel teeristil	62
I smell you at the crossroads in the heart of night	63
Ihulise inimesena hingeldan mööda maad	64
As flesh and blood I rush breathlessly through the land	65
Tuleta meelde armastust	68
Call love to mind	69
Käisid otsimas oma silmi	70
You went looking for your eyes	71
KULDNAINE	72
WOMAN OF GOLD	73
Kell see valge mehe mandala	76
The clock the white man's mandala	77

Väljas on lopsakas juuli	78
Outside it is rampant July	79
Raiperoheline	80
Carrion-green	81
Miks jõuame teineteiseni	82
Why do we reach each other	83
Juba tulevad udud mu uksele ulguma	84
Even now the fog comes to howl at my door	85
Esimene mõistatus puudutab taju	86
The first riddle touches on the senses	87
Õnn mu õunapõskne õde	88
Good fortune my apple-cheeked sister	89
PÕLETUSMATUS	92
CREMATION	93
Vaikselt tõuseb taevasse	94
Smoky wisps of incense	95
Tuleb mis tuleb	98
Come what will	99
Näeme elu läbi oma sugupoole poolikuse	100
We each see life through the half measure of our own sex	101
Uned on nagu hirved	104
Dreams are like deer	105
Hiiglasuur lennuk	106
A giant airplane	107
VIISID MIS VIISID MU SÜDAME	108
TUNES THAT CARRIED MY HEART	109
Oo lõputud lahingud sinuga	112
Oh the endless battles with you	113

Tuul	116
The wind	117
Püssimees seisab õues	118
A gunman stands in the yard	119
JÜRIÖÖ SÕNUM	120
TIDINGS OF ST GEORGE'S NIGHT	121
Päike paistab meile pärastlõunal kuklasse	122
The afternoon sun shines on the backs of our heads	123
LUIGELUULINN	124
SWAN BONE CITY	125
Merest tulevad lehmad	126
Cows come from the sea	127
JAANIÖÖL	128
ST JOHN'S EVE	129
Tuhat põlvkonda sigijaid ja sigitajaid	132
A thousand generations of child-bearers and begetters	133
Õitsevast vahtrast läbi	134
Through the blossoming maple	135
Raagus kodupuude ustav rivi	136
The faithful row of bare trees of my home	137
Astusin paljajalu	138
I stepped barefoot	139
Hommik täis kuldset öötolmu	140
Morning full of night's golden pollen	141
Lärmist üsna tasaseks jäänud	142
Left quite still from the noise	143
Sina ja mina oleme päiksega täiesti muutunud	144
You and I have changed completely with the sun	145

SISUKORD

Aed on täis	146
The garden is full	147
Meelillede tee	148
A road of red clover	149
Muutun hämaruse tulekuga	150
With the coming of dusk	151
Kihutan sinu poole	152
I career along towards you	153
Aeg õgis ära mu vanad kõrvad	156
Time devoured my old ears	157
Kas mäletad seda aega	158
Do you remember the time	159
Meie kodu on üleni	160
Our home is entirely	161
Mets ja linn	164
Forest and town	165
Juustes kaduva suve rohukõrsi	166
Blades of the fading summer's grass in your hair	167
Sügis hakkas	168
Autumn has begun	169
KADUNELJAPÄEVAÕHTUL	170
ON THE LAST THURSDAY EVENING OF A WANING MOON	171
Lumi mäletab mu turja	176
The snow remembers my shoulders	177
Ootan sind seiklejat rännuhullu	178
I wait for you adventurer mad rover	179
Enam ei anna ma sulle rinda	180
I don't give you my breast any more	181

Vaatad mulle otsa	182
You look at me	183
Võpatan värisen	188
I give a start I tremble	189
VASTAMATA ARMASTUSED	190
UNREQUITED LOVES	191
Võtan pruudikleidi seljast	194
I take off my bridal dress	195
Kaks valget liblikat	196
Two white butterflies	197
HING JÄÄB KORRAKS KINNI	198
MY BREATH CATCHES FOR A MOMENT	199
SUURIM NEIST KOLMEST	202
THE GREATEST OF THESE	203
Kaldapääsukesed merekivimustad	206
Sand martins sea-stone black	207
Enne minekut pakime kokku	208
Before going we pack up	209
Kuidas seletada sulle oma keelt	210
How to explain my language to you	211
Meie mõis oli vahepeal	212
Our manor had meanwhile	213
Pilk metsalatvadel	214
Gazing at the forest canopy	215
Kolletav ja kurguni kinni nööbitud	218
Yellowing and buttoned up to the throat	219
ESIMESTE LUMEHELVESTE KOLMAPÄEV	220
THE WEDNESDAY OF THE FIRST SNOWFLAKES	221

SISUKORD

Olen puu	224
I am a tree	225
Lõkke ääres	226
Around the fire	227
Kuidas me ka ei püüdnud	228
However we tried	229
Kuldnokad räuskavad täna akna all	230
Starlings clamour under the window today	231
Unenäosõrmused libisevad sildadelt alla	232
Dream finger-rings slide down from the bridges	233
Jõemündi õied	234
Water mint blossoms	235
Tulista teeda mööda	236
Down along the fiery road	237
Kaldalejõudmise külmavärinais	238
Shivering with the cold of reaching shore	239
Su silm õitseb	240
Your eye blossoms	241
Istuda maiöisel verandal	242
To sit on a May night veranda	243
Tuulte sündimise linnas	244
In the town where the winds are born	245
Kas mäletad seda installatsiooni	246
Do you remember that installation	247
Mööda maad käib täna reede õhtu	248
Friday evening moves through the land	249
Inimesel olevat verd	250
People are said to have	251

KOLM HOMMIKUMAA KUNINGANNAT	252
THREE QUEENS OF ORIENT	253
ITK ISALE	256
LAMENT FOR MY FATHER	257

1001 WINTERS
1001 TALVE

Kristiina Ehin

Olen kärjekujulise universumi
suur unine emamesilane
kes magab üksi
oma taruvaikusest voodis
keset tumedat talve

tunnen selle ilmaruumi rahutuid käejooni
olen roomanud läbi iga ta musta augu

kevade tulekul
toon ilmale tuhat vastset
mu andromeedapiimast purjus
tuigerdavad nad tarust välja
et kiikuda kõiksuse avaneval õiekübaral
et veeretada valgusetolm
öötaeva tuliseks
söeks

I am the big drowsy queen bee
of a honeycomb universe
who sleeps alone
in her beehive-silent bed
amid the dark of winter

I feel the restless lines in the hand of this universe
I have crept through each of its black holes

when spring comes
I bring a thousand larvae into the world
drunk on my andromeda milk
they stagger out of the hive
to swing on the opening blossom of the cosmos
to roll light's pollen
into the hot coal
of the night sky

Kui sureme läheme surnute maale
mõtlemata kuidas – me teame kuhu
me näeme omaenese silmade taha
ja südame lisajõgedesse

pärast pikka pikka talve
on jalatallad õrnad
nagu nahk varsa laugudel
kevadel kevadel – elegantselt treppidest alla
ja siis mööda munakive
kus veidi valus on astuda
kingadeta

kuum kuum päev
kastese hommiku ja jaheda õhtu lõugade vahel
sinu hingus närtsitab mind kuivatab mind
põletab mu põhjamaiseid põski

linnud linnud
linnud jõgede kohal linnud kalmude kohal
linnud karikakarde ja kivitreppide kohal
linnud laidude ja latvade linnud lagendike kohal –
linnud linnud
ja nende häää-ä-l

When we die we go to the land of the dead
not thinking how – we know where to go
we see behind our own eyes
and into the tributaries of our hearts

after long long winter
the soles of feet are tender
like the skin on the eyelids of a foal
in spring in spring – elegantly down the stairs
and then along the cobblestones
where it hurts a little to walk
without shoes

hot hot day
between the jaws of dewy morning and cool evening
your breath wilts me parches me
burns my northern cheeks

birds birds
birds over rivers birds over graves
birds over camomile and steps of stone
birds over islets and treetops birds over meadows –
birds birds
and their caaa-a-ll

Mu sinises kleidis on praod
nagu ruugetes huulteski
meretuul kannab viimaseid õhtuseemneid
ja luigeparved kaovad kaugete laidude taha

kaks kajakat istuvad mu tornitrepil
ja see väiksem oled sina
katkise nokaga
pahur ilme näol

sa ütled et neid munakoori iialgi ei tule
ei tule tibude piiksumist ega esimesi lende
üle kirmetanud maa

– aga siiski tuled sa igal hommikul
mu peo pealt sööma
ja õhtuti jooma mu akende
sulavat jääd

There are cracks in my blue dress
like in my light brown lips
the sea wind carries the last seeds of evening
and flocks of swans disappear behind the distant islets

two seagulls sit on my tower step
and the smaller one is you
broken beaked
with a sullen look

you say those egg shells will never be
there will never be cheeping of fledglings or their first flight
over countryside white with frost

– and yet you come every morning
to eat from my hand
and every evening to drink the ice melting
from my windows

Kui räästad tilguvad
aga kevadet veel ei ole
ärkavad kõrvarõngad mu karpides
ja siidisallid kahisevad kannatamatult
vastu mu riidekappide uksi

särav vaikus
on mu silmamuna sees
särav
võbisev
põlvini päikesekiirtes
lükkan kaldamudast lahti
oma südame kerge
pajuparve

When the eaves are dripping
but it still isn't spring yet
the earrings in my boxes wake
and silk scarves rustle impatiently
against my cupboard doors

there's a luminous silence
in the ball of my eye
luminous
quivering
up to my knees in sunlight
I push my heart's lightsome
little boat
free from the muddy shore

Märtsiõhtud punetavad
mu laubal
sookurgede haprad varjud
plaksutavad hääletult
oma tiivaräbalaid
kuu kondab ringi
ruudulises ilmaruumis
sinu raadiolained
lähevad minust läbi
seistes üksinda
selle maailmatäringu äärel
hinges
vaikuse
tasased trummid

kevad on nii valmis
küps kukkuma mustatelt puudelt
nagu sulalalumi

March evenings grow red
on my brow
the cranes' frail shadows
silently clap
the rags of their wings
the moon roves round
in its check cosmos
your radio waves
go through me
standing alone here
at the edge of the world's dice
in my soul
the low drums
of silence

spring is so ready
ripe for falling from the black trees
like melting snow

On palav päev Brežnevi ajal
ja mina alles väike tüdruk
sinises sitsseelikus
põgenen läbi kollase viljapõllu
suurelt suurte inimeste sünnipäevalt
kus süldid sulasid pikkadel peolaudadel
ja mu õed ja tädipojad olid kadunud
võrkkiigest ja marjapõõsastest rõkkavasse naeru

ja siis
jõuan äkki
mahajäetud maamajani

ühest katkisest kastist leian sihvaka piibu
mis lõhnab vanade meeste järele
veel vanemate kui vanaisa
must magus mõru piip ühe hirmutavalt vana
haige ja võib-olla juba surnud mehe
huulte vahelt

mahtus mu taskusse ja kogu õhtu
kiikudes tukkudes ja maasikatorti süües
tundsin tema toredat
musta ja vagurat vart
oma higises peos

A hot day in Brezhnev's time
and I still just a little girl
in a blue cotton print skirt
flee through the yellow corn field
from the big people's big birthday
where the aspic melted on long party tables
and my sisters and cousins had disappeared
into peals of laughter from the hammock and berry bushes

and then
suddenly I come
to a deserted country house

in a broken box I find a slender pipe
that smells of old men
even older than grandfather
a black sweet bitter pipe from between the lips
of a frighteningly old sick man maybe
already dead

it fitted into my pocket and all evening
swinging nodding off eating strawberry cake
I felt its lovely
black mellow stem
in my sweaty palm

Mu jäsemed moonduvad
mu kaunile kehale kasvavad karvad
tunnen oma suus hambaid kui selget surma
kogu mu rauge rahuarmastus on asendunud vileda verejanuga

kuulen kaugusest oma hallide suguvendade ulgu
juba tunnen nende hallide koonude karedaid puudutusi
oma noorel nahal

oleksin tahtnud elada nende juures
ulguda kuud ja imetada pojukesi –

nemad aga ei võta mind omaks
sest mu silmist paistab
mu mügarlik inimloomus

My limbs metamorphose
fur grows on my beautiful body
in my mouth I feel teeth like clear death
all my listless love of peace supplanted by an agile thirst for blood

in the distance I hear the howling of my grey kin
I feel the rough touch of their grey snouts
on my young skin

I wanted to live with them
howl at the moon and suckle cubs –

but they won't have me as one of their own
for my gnarled human nature
still shows in my eyes

See tuba –
veneaegse tapeedi pikad paanid
kriipimas vastu meie pilkude kaasaegsust
igivanad põrandalauad
vastu meie noorusest tuliseid taldu
kuidas leida ennast selle maja
lakitud lae
ja tolmuste treppide vahelt

peegleid ei usu ma enam ammu

neist igaüks igatseb erinevat mind
tahtes puudutada mu põskede päikesepuna
oma klaasise käega

ainult mu lapsepõlve rahulik
heleroheline jõgi
näitas peegelpilti mida pidasin omaks –
see liikus isegi kui ma ei liigutanud
see näitas naeruvärinaid
ja pisarate kommet kiiresti kuivada
või kukkuda kergelt ja julgelt
omaenese peegeldusse

päevad voolavad aeglaselt
nagu ootamisest oimetu oja
või kiiresti nagu kärestik kui
tunnen enda ees su silmade neelukoske
uksed avanevad ja sulguvad taas
plastikraamidega aknalaual
istub kuninganna ja õmbleb

kolm tilka verd kukub lumele

This room –
lengths of wallpaper from Russian times
scraping against the here and now of our glances
age old floor boards
against the soles of our feet hot with youth
how are you to find yourself between
the varnished ceiling
and dusty stairs of this house

I haven't believed mirrors for a long time now

every one of them yearns for a different me
wanting to touch the sun's redness in my cheeks
with its glassy hand

only the peaceful bright green river
of my childhood
showed a reflection I felt was my own –
it moved even when I didn't
it showed tremors of laughter
and the habit of tears to dry quickly
or fall lightly and boldly
into their own reflection

the days flow slowly
like a stream torpid from waiting
or quickly like rapids when
I feel the swirling cascade of your eyes before me
doors open and close again
on the plastic framed window ledge
the queen sits and sews

three drops of blood fall onto the snow

Magan mudana metsas
järvede kraavide põhjas
porina sügavates aukudes
soodes
pimeda silmade peal

kõdunenud juurtest
hallitusest
piimanõgeste õitest
ja luuderohust
olen tehtud

aga suur karuohakas
oli mu süda
karuohakas oli mu süda

I sleep as mud in the forest
at the bottom of lakes ditches
as mire in deep hollows
in marshes
on blind eyes

of decaying roots
mould
deadnettle blossoms
and ivy
I am made

but a big thistle
was my heart
a thistle was my heart

PÕUD

on öö
ja piprad langetavad lehti
ma nutan isegi
kui rõõm on liiga suur
tuul tõmbub endasse
ja vihma võtab kaasa
kuus lindu teele tõttab
teda otsima

ja jälle hämardub
põud põllult hinge imeb
ja juba kurk
nii kuiv kui küünlaleek
kuus lindu teel
ei ole tuult ei vihma
veel veidi vett on kaktustes ja öös

nii juba seitsmes päev end lahti laotab
vihm tuleb siis kui tantsid kogu öö
mu huuled värisevad
väikse linnu süda
mul vastu pragunenud pihku lööb

nüüd valmis pange kõrvitspudelid
siis tuleb tuul
ja vihm ta pime vend
sel ööl peab trummipõrin
kõigutama taevaid
ja sina põuatolmus keerutama end

DROUGHT

night
and the peppers are dropping their leaves
I cry even
when joy is too great
the wind withdraws into itself
and takes the rain along
six birds scurry off
in search of it

and again darkness falls
drought sucks the soul out of the field
and my throat already
dry as a candleflame
six birds under way
there is no wind or rain
still a little water in the cactus and the night

so already the seventh day unfurls
rain will come if you dance all night
my lips tremble
the heart of a little bird
beats against the cracked palms of my hands

now get the gourds ready
then the wind will come
and the rain its blind brother
this night the rumble of drums has to
sway the skies
and you to whirl in the dust of drought

Olla üheaegselt sündinu ja sünnitaja
ere päikesepaiste ja
tuul mis lahutab mõtlejate meeli
olla üheaegselt rohulõhn ja lauliku silmad
vabameelsus jälitab mind musta märana
mägede õhk mägede õhk
jahuta mu kuumavaid silmi

iga hetk on kaev
sügav ja selge

olla üheaegselt klaver ja klaverdaja
uinun tärkavaid tähti lugedes
üks kaks....
olla üheaeselt kaktus ja Eestimaa
nõelav armastus
mis eraldab mind Euroopast

iga hetk on kaev
sügav ja selge

tule taevataguseid mägesid lugema
üle meie purjetab kuu
see lehviva lakaga lõukoer
ja mitte miski ei mahenda
meie mürkmusti silmateri

iga hetk on kaev
sügav ja selge

To be at one and the same time newborn child and childbearer
dazzling sunshine and
the wind that diverts thinkers
to be at one and the same time the smell of grass and the eyes of a bard
freedom of mind follows me as a black mare
mountain air mountain air
cool my searing eyes

every moment is a well
deep and clear

to be at one and the same time piano and pianist
I fall asleep counting nascent stars
one two....
to be at one and the same time a cactus and Estonia
stinging love
that sets me apart from Europe

every moment is a well
deep and clear

come count the hills beyond the sky
above us the moon is sailing
that lion with a flowing mane
and nothing will mellow
the poison-black pupils of our eyes

every moment is a well
deep and clear

Taevas tõmbus koomale
öö taganes
heitis oma tumedad riided ült

minu ees seisis Päev
see paljas mees

ehmusin ja panin ruttu riidesse

proovisin peita ennast ta terava pilgu eest
Päev
vaatas mind nagu öökulli
nagu kodutut kakku kes on libisenud pimeduse pesast
valguse kätte
tundmata veel oma ilu

Päev
kombib mu kõrvu
silub seljasulgi
usun usaldan ja uinun
tema südames

The sky drew in closer
night withdrew
cast off its dark clothes

before me stood Day
that naked man

startled I quickly got dressed

I tried to hide myself from his sharp gaze
Day
watched me as he would a bird of the night
a homeless owl that has slipped out of its nest of darkness
into the light
still unaware of its own beauty

Day
feels my ears
smooths the feathers on my back
I believe trust and fall asleep
in his heart

Kas tõesti ka seekord
tuleb kevad nii mahedalt
magusalt ja muretult
põnevil – milliseid pärleid valida
milliseid mõtteid endaga kanda

oh kui kaunilt lõkendavad inimeste laubad
sellel tänaval kuhu sattusime kõndima
loojuva päikese promenaadil

kas suudame taluda seda palgete peegeldust
vajumata oma soo sügavasse sohu
mäletada seda paistust
öö tugevate käte vahel
kallistuste kaldaliivas
oma elu tulipunaselt tukslevatel tundidel
ja siis
kui väike võti on juba veriseks saanud
sa ei saa ega saa seda puhtaks
ja õhtu on täis
sitikasinist hirmu

Will spring really come
this time too so mildly
sweetly and serenely
in suspense – which pearls to choose
which thoughts to take with you

oh how beautifully people's foreheads glow
on this street that we have happened upon
to walk on the promenade of the setting sun

can we bear these faces reflecting
without sinking into the deep morass of our own sex
remembering this scene
between night's strong hands
on the sandy shore of caresses
in the hours of our lives throbbing fiery red
and then
when the little key has already become bloody
you can't and you can't get it clean
and the evening is full
of beetle-blue dread

On aeg kus võib näha
läbi tosina metsa
puud raagus nagu hing
laas marjadest ja armudest tühi

lumi laskus lõpmatusest
siia- ja sinnapoole silmapiiri
puudutasin varju
mis ilmus mu ette
kes teab kust

silitasin ta tumedaid
aukuvajunud põski
ta silmituid silmakoopaid

kui ärkaksid ellu
peaksin mina minema
või läheksime koos
sinna kust tuleb lumetorm
sinna kuhu ta läheb

It is a time you can see
through a dozen forests
trees as bare as a soul
woods barren of berries and mercies

snow descended from eternity
on this and the far side of seeing
I touched a shadow
that appeared before me
who knows where from

I stroked its dark
deep sunken cheeks
its eyeless eye-sockets

if you were to come to life
I would have to go
or we would go together
to where the snowstorm is coming from
to where it is going

Siber on nii hall
et handi naine selles
lihtsalt peab kirev olema
kirevam kui linnud
kirevam kui õigeusukirikud
naftaleegid või veteranide ordenirinnad

ole pealegi kirevam kui mina
ole õnnelikumgi kui mina
põimi värvilisi pärle oma
niigi lillelistesse kleitidesse
hüüa *mōnō, mōnō*! oma mängivale pojale
püüa pudenevaid pohli oma valgete sõrmede vahele
olen heameelega su kõrval
hall nagu Siber

Siberia is so grey
that in it a Khanty woman
simply has to be colourful
more colourful than birds
more colourful than orthodox churches
oil well burn-off or veterans' chests full of medals

be more colourful than me as well
be even happier than me
weave coloured beads into your
already flowery dresses
call *mōnō, mōnō!* to your playing son
catch the falling cowberries between your white fingers
I'm happy to be beside you
grey like Siberia

Moskvasse tantsides tulin
röövitud rõõmus naine
metroode põnev pimedus
süütas mu silmades
varem tundmatu tule

nüüd tean kuidas käed võivad kätesse klammerduda
ja jalad ometi nii kergelt ja kiirustamata kihutada
käed silitada kerjuste kübaraid

hommikul Pihkvas olid antennid armuöödest külili vajunud

tuleb ilus ja selge ilm

lükkad leierkasti tööle
muusika hakkab immitsema
mu sõrmede vahelt
kased paiskavad tuppa
kulda
meie kujud on mustad
mustad
oleme ainult hetkeks elukärge
imema sattunud inimmesilased
õhu käes kõndivad kalad
üks eriline liik…

I came dancing into Moscow
a ravished enraptured woman
the thrilling dark of the metro
kindled a never before known
fire in my eyes

now I know how hands can cling to hands
and feet rush so lightly without quickening
and hands stroke beggars' hats

in the morning in Pskov antennae were slumped sideways
from nights of loving

it's going to be a lovely clear day

you push your barrel organ out to work
music begins to seep out
between my fingers
birch trees fling gold
into the room
our figures are black
black
only for the moment we are human bees
sucking by chance on life's honeycomb
fish walking in the air
a very special breed...

Seksuaalsus sina imeline taim
oled klammerdunud mu
südame ja sisikonna
kõikuvasse traataeda
põimunud minusse verevalt nagu roniroos
kõvasti nagu kassitapp

väga vastuvõtlik ja väga tugev
väga magusaks ja väga vastikuks peetud
liiga püha et eksponeerida
liiga ilus et endale jätta

Sexuality you wondrous plant
you have clasped on to
the swaying wire fence
of my heart and entrails
entwined into me blood-red like a climbing rose
as tightly as bindweed

very accepting and very strong
held to be very sweet and very repulsive
too sacred to display
too beautiful to keep to oneself

Tuhat inimest kutsuti kord pulma

aga pruuti pole veel leitud
sest ta ei taha et lilled
sest ta ei taha et kallistused
sest ta ei taha et nüüd
siis igaveseks nii

peidan end juba kaua
ei räägi ega tõsta pilku
peidan end juba kaua
ja sellepärast see linn
majad ei lagune
ja külalised ei lahku

viimaks lasen end leida
ühel vihmasel päeval
kiita ja kätel kanda
ja keerata mõrsjakrooniks
oma pikad juuksed

aga siis on kadunud peig
siis on kadunud peig

siin on kogu aeg pulmad
seitsesada aastat magusat ärevust
enne esimest ööd
mida kunagi ei saabu

siin on kogu aeg pulmad
sest hetkel kui naituksime
kui annaksime end kätte
tuleks linnarahvale meelde
kes nad kord kutsus
ja nad peaksid minema
järgmisel või ülejärgmisel hommikul
ühe noorkuunädala jooksul
tagasi sinna kust nad kord tulid
hobuste ja vedruvankritega
kirju tekk üle kõikide asjade

A thousand people were once invited to a wedding

but the bride hasn't been found yet
for she doesn't want the flowers to
for she doesn't want the caresses to
for she doesn't want that now
then forever like this

I've been hiding for a long time now
I don't speak or raise my eyes
I've been hiding for a long time now
and that's why this town
the houses don't decay
and the guests don't leave

finally I let myself be found
one rainy day
to be praised and carried
and my long hair
twisted into a bridal crown

but then the bridegroom is gone
the bridegroom is gone

there's a wedding here all the time
seven hundred years of sweet excitement
before the first night
that never comes

there's a wedding here all the time
for the moment that we marry
that we give ourselves away
the townspeople would remember
who had once invited them
and they would have to go
the next morning or the one after
in the course of a new moon week
back to where they had once come from
on their horses and carriages
a colourful blanket over all their things

aga nüüd on neid rohkem
musttuhat korda rohkem
mida hakkaksime siis peale
selles kivihunnikus?

siin on kogu aeg pulmad
rõõmupisarad aknaklaasil
siin on kogu aeg pulmad
ja sellepärast see linn
majad ei lagune
ja külalised ei lahku

but now there are more of them
a myriad times more
what are we to do then
in this pile of stones?

there's a wedding here all the time
tears of joy on the windowpane
there's a wedding here all the time
and that's why this town
the houses don't decay
and the guests don't leave

Sa istud laua taga ja kirjutad

ma kasvan su tuppa
nagu kollaste õitega ogalill
halastamatult
päikesega koos
jutustan muinasjuttu
ajast mil kasvasin kõrgel mägedes
orhideedest mu õdedest
ja keeristormist mu vennast

su pliiats langeb
ja silmalaud võbelevad
kuidas ma siia sain?

You sit at your table and write

I grow into your room
like a yellow blossomed thorny flower
mercilessly
together with the sun
I tell a fairy tale
of the time I grew up in the mountains
of the orchids my sisters
of the tornado my brother

your pencil drops
your eyelids tremble
how did I get here?

NAISTERÖÖVIJA

sina oled mees põhjast
tormide normann
vanad armid roomavad mööda su musklilist ihu
ja sinu mõõgad on rasked nagu meresaared

nõidusin su jukseid pidi
suure kivi alla kinni
et saaksin sind uurida
et saaksin käia ümber sinu
päripäeva ja vastupäeva
kuidas sa viskled
kuidas sa ulud
päikesegi loojuma

pikal ja tähisel ööl
vaatlen sind ilus viiking
sinu laud langevad kinni
nagu linnuseuksed
millises ruunikirjas
lugeda su unesid?
pool inimene pool varg
minu vang

RAVISHER OF WOMEN

you are a man of the north
norseman of the storms
old scars roam along your muscled flesh
and your swords are as heavy as islands in the sea

my spell caught you by the hair
under a big stone
so I could study you
so I could walk round you
with the sun and against the sun
how you thrash about
how you howl
even the sun to setting

on a long and starry night
I observe you handsome viking
your eyelids fall shut
like the gates of a stronghold
in what runes
can your dreams be read?
half man half wolf
my captive

Sajab hirmpeent lund
olen punane emahunt
ja sul põlevad kõik küünlad
siin kambris lambanahkade vahel on jäänud vaid
mõni tund ja...
mustade täkkude pruusates
elu kauneimate jäälillede ragisedes
tuleb pimedus meile järele

trammiteid mööda
telefonitraate mööda
mööda rahutu rõõmu
linna
mööda ilma
kus vennad ei väsi olemast vennad
õed ei väsi olemast õed
ja tunded on tõelised

sajab hirmpeent
armpeent
lund
olen punane emahunt
ja ikka veel põlevad sul
kõik küünlad

Fearfully fine snow falling
I am a red she-wolf
and all your candles are burning
here in this chamber between sheepskins only an hour
or two are left and...
with the snorting of black stallions
with the crackling of life's most beautiful frost-flowers
darkness comes after us

along tram lines
along telephone lines
along the city
of restless joy
along a world
where brothers don't tire of being brothers
sisters don't tire of being sisters
and feelings are real

fearfully fine
snow
falling
fine as love
I am a red she-wolf
and still all your candles
are burning

Nägin unes
piletiputkat
ühe bussipeatuse ees kus
piletite asemel müüdi linnusulgi

ja müüja oli...
vana mees
varakevadine päike silmas

ja teile preili...
ütles ta aeglaselt
ja võttis kuskilt ukse kõrvalt
kus võinuksid seista
prügiämber ja luud
veel ühe sule
valge ja koheva
kerge ja sama kõrge
nagu ta ise

maksin ja läksin
une poristes bussides
uskumata ärkamist
kartmata kontrolle

In a dream
I saw a ticket booth
at a bus stop where
birds' feathers were sold instead of tickets
and the seller was...
an old man
with the early spring sun in his eyes

and for you young lady...
he said slowly
and took from somewhere next to the door
where there might have been
a bin and a broom
one more feather
a white plume
light and as tall
as himself

I paid and went
in dream's muddy buses
no notion of waking
no fear of inspection

Nuusutan sind südaöisel teeristil
et mu kopsud saaksid kosutust
nuusutan sind
lihasööjat ja jäljeajajat

on tunda taeva
ja habemekasvamislõhna

just nii nagu arvasin

haistan su hiilgavaid silmajärvi
mis on harjunud jootma ja jahutama
haistan kui puhtad ja viljakad on su unede põllud
kerge ja soe su soovidemuld
ja kui õnnelik oli ema sind saades

oh kui ohtlik on olla nii lähedal
nüüd ei saa sa mult silmi
tahan põgeneda
aga selleks on see hetk
liiga ime-
lik ja kaugel on kõik põhjused
miks me ei tohiks…

truudus – kare nagu mehe põsk
toores liha mis tõmbab ligi
jäljed mis jäävad
jäljed mida ei saa jätta

I smell you at the crossroads in the heart of night
to let my lungs revive
I smell you
meateater and trail stalker

there is the scent of the sky
and a beard growing

just as I thought

I scent the glistening lakes of your eyes
that are accustomed to quenching thirst and cooling
I scent how clean and fertile are the fields of your dreams
light and warm the soil of your wishes
and how happy your mother was giving birth to you

oh how dangerous to be so near
now you can't keep your eyes off
I want to flee
but for that this moment is
too great a wonder
and far away is every reason
why we shouldn't…

fidelity – rough as a man's cheek
raw meat that draws you close
a trail that remains
a trail that can't be abandoned

Ihulise inimesena hingeldan mööda maad
ööseks vajun kummuli oma elukallastele
tormis kumisevad tuletornid
meri muretseb mulle unenäod
ja äkki näib
nagu oleks veepiisad mündid
mis kõlisevad kogu maailma rikkust
vastu vaeseid ja vanu kive
kõik võib ära müüa
aga see mündimeri ei lõpe
kõik võib üles osta
aga ikka jääb üle seda rahutute merede raha

terve Mariani sügaviku täis
terve ookeanitäis raha
Ameerika ja Euraasia vahel
terved madalikutäied münte
ja hõbedasi vahumarkasid
uppunud aurikute korstnatrümmid
kuldkopikatest pungil
turbiin- ja tulelaevad täis dollareid
tormikellade tinakeeled tinataalritest lukus

ja päikeseloojangute kuld ookeani peal
ongi kuld
ja kuu tee ookeani peal ehtne hõbe iga vaataja ja varastaja
jooksja ja jalutaja jaoks
ja kalameeste võrgud on äkki täis tõelist varandust
tõsiselt vaatavad mereelukad
neid oma sädelevil teemantsilmil

kopaga kummutatakse päikeseloojangust kulda
raudkangidega kangutatakse kuuvalgusest hõbedat
värisevate näppudega urgitsetakse kalade teemanttõsiseid silmi

ja mina magan ikka veel kummuli elukaldal
ja äkki näib nagu poleks mu ärkveloleku
hingeldavas tormamises enam mõtet

As flesh and blood I rush breathlessly through the land
at night I sink down keeled over on the shores of my own life
in the storm the lighthouses resound
the sea provides me with dreams
and suddenly it seems
as if all the drops of water are coins
jingling all the world's wealth
against the poor old stones
everything can be sold off
but this sea of coins will never end
everything can be bought up
but still there will be this money of the restless seas left over

the whole of Marianas Trench full
a whole oceanful of money
between America and Eurasia
whole shoalfuls of coins
and silvery foam marks
sunken steamers' smokestacks
filled to overflowing with gold kopecks
turbine ships and lightships full of dollars
storm bells' tin clappers stopped up with tin thalers

and the gold of sunsets on the ocean
really is gold
and the path of the moon on the ocean is genuine silver for every onlooker
and robber
and runner and walker
and the fishermen's nets are suddenly full of real riches
solemnly the sea creatures watch
them with their sparkling diamond eyes

with a shovel gold is turned out of the sunset
with a crowbar silver prised out of the moonlight
with trembling fingers the fishes' diamond solemn eyes plucked out

and I still asleep keeled over on life's shore
and suddenly it seems as if there is no point
in the breathless headlong rush of my waking

nii rasket vett nii hinnalist merevara
ei jaksa tuul loksutada
käed kangutada
ega laevad laiali kanda

tormis kumisevad tuletornid

such heavy water such valuable treasures of the sea
cannot be rippled by the wind
lifted by the hand
or carried far and wide by ships

in the storm the lighthouses resound

Tuleta meelde armastust

kui jääteravatel treppidel
astub ja hingab tuul

tuleta meelde armastust

kui tormilaternad põlistavad vaikust
ja vanad männituved
lõhnavad vaigust

tuleta meelde armastust

kui viimased päikeselaigud unustavad end
su silmade hallikaspruuni jõkke

tuleta meelde armastust

kui õhtu õhk annab ühekorraga
igale möödunud päevale nime
ja sa jooksed trepile
elujanust tumm

Call love to mind

when the wind steps on
the ice sharp stairs and breathes

call love to mind

when storm lanterns immortalize the silence
and old pine tree trunks
smell of resin

call love to mind

when the last splashes of sun forget themselves
in the grey-brown river of your eyes

call love to mind

when all at once the evening air gives
every bygone day a name
and you run to the stairs
struck dumb with a thirst for life

Käisid otsimas oma silmi
Siberi sügavatest jõgedest
lõputu tundra laulis su hinge lagedaks
metsad vaikisid su silmad samblapehmeks
ja su sõrmed on kratsinud
salaja sündinud põhjapõdravasikate sarvetüükaid

kas sellepärast
oskad nii kergesti
puudutada mu hinge
ja mitte uppuda
mu unistavate silmade maksameres?

jõid kuuma verd
ohvrilooma kaelast
kuude viisi ei rääkinud kellegagi
peale puude ja laululindude

kas sellepärast
suudad vaadata mind kohvikus huviga
nagu vaadatakse
tulipunast õhtupilve?

oled maganud kolmesaja miili kaugusel
lähimast linnast
kahe lumemäe vahel
üksi
veriste jalgade
kadunud kompassi
ja katkise tulerauaga

kas sellepärast oledki
tume ja täitmatu
nagu öö?

You went looking for your eyes
in Siberia's deep rivers
the endless tundra sang your soul bare
the forests silenced your eyes into mossy softness
and with your fingers you scratched
the budding antlers of reindeer calves furtively born

is that why
you know how to touch
my soul so easily
without drowning
in the legendary sea of my dreaming eyes?

you drank hot blood
from the neck of a sacrificial animal
spoke to no one for months
but trees and songbirds

is that why
you can observe me with interest in a café
the way you would look at
flaming red clouds of an evening?

you have slept three hundred miles away
from the nearest town
between two hills of snow
alone
your feet bleeding
your compass lost
and your fire iron broken

is that why
you are dark and forever unfilled
like the night?

KULDNAINE

1.

nägid minuga vaeva
vestsid ja voolisid
lihvisid ja loitsisid
ihusid ilusamat
sõnusid siledamat

mu silmad pildusid sädemeid
pilkavaid ja tulikuumi –
keda sa tahad minust teha
iluasja
jumalannat?

kokku panid isade kullad
kokku kuue venna kullad
panid kullad palgeeksi
hõbedad näo iluksi

ai!

miks ma ei öelnud sulle
et näed asjata vaeva
mitte kullad
vaid rõõm
paneb mu kuju
kumama nagu jumalannal
mitte hõbe
vaid üks rahulik õhtu
võib panna mu ihu
ilust hiilgama
see on nii
see on igavesti nii
vaaremadel emadel ja tütardel
üks naine annab teisele elu
annab talle üle oma ilu
verega ja valuga

sinu kullad
on kest mis meilt
naeruga maha rappuvad

WOMAN OF GOLD

1.

you took great pains with me
sculpting and shaping
polishing and chanting spells
honing a greater beauty
conjuring a sleeker one

my eyes let sparks fly
mocking and fire-hot –
what do you want to make of me
an ornament
a goddess?

you gathered up the fathers' gold
gathered up six brothers' gold
gold for a face O
silver for its beauty O

ouch!

why didn't I tell you
you're wasting your time
not gold
but joy
will set my form
aglow like a goddess
not silver
but a quiet evening
can make my body radiant with beauty
and so it is
so it is forever
with great-grandmothers mothers and daughters
one woman gives life to another
passes on her own beauty to her
in blood and pain

your gold
is the husk
we shake off with a laugh

pole mõtet voolida ja vesta
anna andeks
see on asjata vaev
kuivan ja kortsun kord ikka

aga küüru ei vaju

2.

mehed teevad naist
võibolla teevadki
hea mees
paneb naise kasvama nagu nõianõgese

kuidas siis mitte naiseks kasvada
kui päike käib kuueteistkümnendat aastaringi
kuidas siis jätta last ilmale toomata
kui kuu kõht on juba kolmesajandat korda
loperguseks paisunud

pikad nii pikad on aastad
aga
üürike on elu

ära ehita naist
parem tee talle maja
laastudest ja luigeluust
tee kõigest mis sul on
ja siis
sae sisse sügavad aknad
et päike pääseks ligi

there's no point in shaping and sculpting
forgive me
you're wasting your time
one day I'll be dried up and wrinkled anyway

but never bowed

2.

men make a woman
perhaps they really do
a good man
puts a woman out to grow like woundwort

how is she not to grow into a woman then
when the sun makes its sixteenth yearly ring
how is a child not to be brought into the world then
when the moon's belly has swelled lopsided
for the three hundredth time

long so long are the years
but
life is fleeting

don't construct a woman
rather make her a house
of chippings and swan bone
make it of everything you have
and then
saw the windows in deep
so the sun can find its way in

Kell see valge mehe mandala
valvab mu und
und seda üürikest
liiga lühikest et tõeliselt leida
liiga pikka et ainult punastada
kell
see valge mehe mandala
valvab mu päeva
päeva seda üürikest

päike sina suur
ära mine veel lennujaama taha looja
vala valgust mu maandumisrajale
valgusta läbi objektiivi nende südameid
kes on trüginud siia akna alla sind pildistama
päike sina suur
suudled mu tolmuseid kingi
kuldad ränduriräbalaid

meie eestlased
toored õrnad ja tugevad
põletame täna pimedust
ütle päike kas on meil või pole
peopesades ilmatundmisemärki?

päike sina suur
ära looju veel läände
jää itta õdede hulka
jää siia sõsarde sekka
meil on aega ja meil on sinusse usku
las kell
see valge mehe mandala
tukub ja tiksub

The clock the white man's mandala
watches over my sleep
sleep so fleeting
too short to really be found
too long to only blush
the clock
the white man's mandala
watches over my day
day so fleeting

sun so big
don't go down yet behind the airport
pour light onto my landing strip
illuminate through a lens the hearts of those
who have squeezed in here below the window to photograph you
sun so big
you kiss my dusty shoes
you gild a wanderer's rags

we Estonians
rough tender and strong
are burning the darkness today
tell me sun do we or do we not have
the sign of knowing the world in the palms of our hands?

sun so big
don't set yet in the west
stay in the east among sisters
stay here amid kinswomen
we have time and we believe in you
let the clock
the white man's mandala
nod off tick-tock

Väljas on lopsakas juuli
on putkede vohav püha
ja haisev adru ameleb kividel
väljas on lopsakas juuli
ja mina ei taha astuda sellesse

tahan jääda kuivade kuuskede öökäiku
sinuga kätelkäija
sinasõprust sosistada
hingata halli rahu
oma värisevatesse sõõrmetesse

okkad hoiatavad meid
on ohtlikke sõnu
lämmatavaid vöösid
ja mürgitatud õunu

aga on ka kajakaid
kelle valguses ei või kahelda

kuula mind
öö kuubede kandja
kätelkõndija
vastuhakkaja

augusti aeg algas

Outside it is rampant July
it is the lush festival of umbellifers
and stinking seaweed flirts on the stones
outside it is rampant July
and I don't want to step out into it

I want to stay in the night-time movings of dry firs
with you who walks on your hands
whisper deep friendship
breathe grey peace
into my trembling nostrils

thorns warn us
there are perilous words
suffocating belts
and poisoned apples

but there are also seagulls
in whose light there can be no doubt

listen to me
you wearer of night's coats
who walks on your hands
rebellious one

August time has begun

Raiperoheline
noore südame valu
kooljakollane
kaaslaseleidmisepiin

must Možga voolab
voolab läbi mu peopesa
muinasaegadest välja

kannatuskäärude kaldal
ikka veel rohelised pajupuud
mehed ja naised
kummardumas armastuse ette

kollaselt kilgendab
must Možga jõgi
pajupuu ladvas ööbik
laulab kõik vakka

kas sööd pajuurbi
kevadeennustaja
elad ehahelinast
ennemuistse jõe laulik

        ei söö pajuurbi
        kevadeennustaja
        ei ela ehahelinast
        ennemuistse jõe laulik

        öö söödab mind
        kuu annab juua

        raiperoheline
        noore südame valu
        kooljakollane
        kaaslaseleidmisepiin

Carrion-green
the pain of a young heart
cadaver-yellow
the anguish of finding a companion

the black Mozhga flows
through the palm of my hand
out of olden times

on the banks of suffering's abrupt windings
still-green willow trees
men and women
bowing down before love

glistening yellow
the black Mozhga river
a nightingale in a willow tree
sings everything to silence

do you eat willow catkins
seer of spring
do you live on the sound of sunset
singer of the fabled river

    the seer of spring
    never eats willow catkins
    the singer of the fabled river
    never lives on the sound of sunset

    night feeds me
    the moon gives me drink

    carrion-green
    the pain of a young heart
    cadaver-yellow
    the anguish of finding a companion

Miks jõuame teineteiseni
suudame puudutada
käed haaravad käte
huuled huulte
silmad silmade järele
kui Achilleus kilpkonna iial kätte ei saa?

miks kollased lehed puudutavad kruusa
lumehelbed mu peopesa
miks aastad minust nagu puuõõnest läbi lähevad
kui Achilleus kilpkonna iial kätte ei saa?

miks hunt murrab talle
õhtu päeva
öötund õhtu
hommik öö
päev hommiku
mina sinu
sina minu
kui Achilleus kilpkonna iial kätte ei saa?

Why do we reach each other
manage to touch
hands clasping for hands
lips for lips
eyes for eyes
if Achilles can never catch the tortoise?

why do yellow leaves touch the gravel
snowflakes the palm of my hand
why do the years pass through me as they do the hollow of a tree
if Achilles can never catch the tortoise?

why is the lamb ravaged by the wolf
day by evening
evening by the night hour
night by morning
morning by day
you by me
I by you
if Achilles can never catch the tortoise?

Juba tulevad udud mu uksele ulguma
undama unelema
ja meid uueks looma

sügavale maa alla ulatuvad tammede tallad

nägin unes kaht kuud
üht suurt ja teist veel suuremat sõõri

sel selgel ööl
oli esimene kõigi
ja teine
mu enda kuu – ilus hiidsisaliku silm
sinu kadunud nägu
mille kaudu nägin enese sisse

Even now the fog comes to howl at my door
to wail to dream
and create us anew

the soles of the oaks reach far under ground

in a dream I saw two moons
one big sphere and another even bigger one

on that clear night
the first belonged to everyone
and the second was
my very own moon – the beautiful eye of a dinosaur
your vanished face
through which I saw into myself

Esimene mõistatus puudutab taju
õunapuist õueäärt
mida tunnen isegi pilkases pimeduses

teine puudutab und
usku mis kergesti kaob

kolmas on
hääletu karje

neljas
nõiutud nuga noorema venna käes
mille tera teab
kuidas vanemal vellel läheb

viies
tund kui sul tuleb tulla
ei omal jõul ega sõites
ei alasti ega ka riides

kuues
õigluse viimane õieleht
mis ikka veel ei kuku

The first riddle touches on the senses
the apple tree lined border of a yard
that I know even in pitch-darkness

the second touches on dreaming
belief that easily fades

the third is
a voiceless cry

the fourth
a bewitched knife in a younger brother's hand
and the blade knows
how the older brother fares

the fifth
the hour you are to come
neither walking nor riding
neither naked nor clothed

the sixth
the last petal of justice
that still will not fall

Õnn mu õunapõskne õde
pühib praegu õmblusmasina pealt tolmu
tal on mustad juuksed ja
julm pilk

rahu mu raevukas vend
märatses täna varjud segi
ta saabus Lihavõttesaarelt
kimp kuivanud puujuuri õieli pihus
kotis pungitamas päikesepimedus
hormoonid kriipimas kõri
veres võidurõõm
mis mattis
videvikuaimdused

olen tsunaami
mis jätab
su paadi puutumata
ajan ümber suured laevad
peksan puruks rannahotellid
ja leotan läbi pulmapildialbumid
kannan kassipojad kaugele avamerele
kisun metsseanahad jahilossi seintelt
ja tantsin surnud liblikate ja lapsevankritega
vastu külmale
päikesetõusule

olen mees kes teadis kassisõnu
nüüd olen unustanud isegi hiired
ja täringud
poen rotina urgu
ja sulen mutina suu
kui sina tuled
kummardun sügavale
iseendasse
ega sa ei märganud
mu silmis armastusetolmu

Good fortune my apple-cheeked sister
is wiping dust off the sewing machine
she has black hair and
a cruel gaze

peace my tempestuous brother
rampaged the shadows into a muddle today
he arrived from Easter Island
a bunch of dried tree roots outstretched in his hand
the darkness of the sun bulging in his bag
hormones scratching his throat
in his blood the joy of triumph
that buried
intimations of twilight

I am a tsunami
that leaves
your boat untouched
I overturn big ships
batter beach hotels to bits
soak wedding photo albums through
carry kittens far out to the open sea
tear wild boar skins from hunting lodge walls
and dance with dead butterflies and children's prams
towards the cold
rising of the sun

I am a man who knew the speech of cats
now I have even forgotten the mice
and dice
I crawl like a rat into a hole
and like a mole close the mouth
when you come
I bow down deep
into myself
you won't have noticed
the dust of love in my eyes

kevadõhtud alles jahedad
jäljed märkamatud
uksed lukustamata
ikka
lahkun laadakära kõrvus
valu vasardamas südames

maapind – see pehmeim
lõikelaud
kannab mind
jälle õhtusse
kruusateede kondipurus
pojengipõõsaste
veretavvalges varjus
jään taevateleka ette magama
ei õnnelik ega rahul

proua päike tõuseb
hommikul esimesena
mina ta järel
kütame satelliittaldrikud kuumaks
keerame lukust lahti
kontoriuksed ja suud
mina ja päike
vabandame kõigi maailma solvatute ees
ajame paarikesed jälle kokku
ja kihutame aralt
ja kirglikult teineteise kõrval
vastu tüdimusaastate tundesaastale
mina ja päike
paneme põlema noorkuupooliku
ja uinume viimaseid
tornikelli vastu sügavikku tagudes

mina ja päike
laibapõletajate hõimust
hulbime allavoolu
koos lopsakate neitsipärgadega

spring evenings still cool
tracks unnoticed
doors unlocked
still
I leave with the clamour of the fair in my ears
pain hammering in my heart

the land – that softest of
cutting boards
carries me
again into evening
in the crumbled bones of gravel paths
in the blood-red bright shadow
of peony bushes
I fall asleep before the TV of the sky
neither happy nor at peace

mrs sun rises
first in the morning
I right behind her
we heat up the satellite dishes
unlock
office doors and mouths
I and the sun
apologize before all the world's offended
drive couples together again
and speed shyly
and passionately beside each other
towards the years of wearying
towards the dross of feeling
I and the sun
set alight the new-moon half
and nod off pounding
the last tower bells against the abyss

I and the sun
from a tribe of cremators
float downstream
together with lavish maiden-wreaths

PÕLETUSMATUS

õde pani õele ripatsi rinda
torkas raudnõela läbi raskete juuste
helmed ja pauad helkisid kaasa
rõhud ronisid mööda noori puusi
õde pani õele ripatsi rinda
vennad veeretasid kive
naabrid kandsid kokku
suure oksaraagudest riida
metsanurk nägi
õhtupäike süütas
õhk hakkas äkki värisema

ehted ehted
kestavad meist kauem
neile pole see esimene
tuleproov

CREMATION

sister put a pendant on her sister's breast
poked an iron pin through her heavy hair
beads large and small gleamed along with them
copper chains climbed along her young hips
sister put a pendant on her sister's breast
brothers rolled stones
neighbours pieced a pyre together
of big bare branches
this corner of the forest saw
the evening sun kindled
suddenly the air began to tremble

jewelry jewelry
lasts longer than we do
for them this is not the first
trial by fire

Vaikselt tõuseb taevasse
viirukisuitsuvine
valge tuunikaga preester
langetab pea ja
pomiseb: *o tempora o mores*
aerud lastakse vette
hääletult lõikab laevanina
tihedat peegelsiledat tundmatust
mida nimetatakse tulevikuks
aga peeglist võib näha kõike
peale peegli enda.

nöör libiseb pihust ja
vana kiilaspäine ori
vajub hingetult teetolmu
semper idem sosistavad
tema pragunenud huuled
kas siis igavesti kestab
jõgede suurvesi arutleb Gilgameš
ja kratsib mõtlikult
oma lõvi lõuaalust
kes neid inimesi ja maailma teab
mõtleb lõvi ja kissitab laisalt
oma kollaseid kõrbesilmi

õrn tuulehoog paneb liikuma
papüüruserullid
sammastelt pudeneb marmorikilde
kunagi murravad nad pead
minu eesnime üle mõtleb
pime laulik Homeros ja
silitab kavalalt oma valget habet
sillad varisevad kokku
ja viimased Pompei majad Vesuuvi jalamil
neelab tulemeri
ma ei karda isegi sind
sõnab aeg jalutuskepiga põgusalt
püramiidile koputades

Smoky wisps of incense
quietly rise to the sky
a priest in a white tunic
lowers his head
and mumbles: *o tempora o mores*
the oars are let down into the water
silently the prow cuts through
the dense mirror-smooth unknown
that is called the future
but in a mirror you can see everything
except the mirror itself

the rope slips from his hand and
the old bald-headed slave
falls gasping into the dust of the road
semper idem whisper
his cracked lips
will the rivers' flooding
last forever then deliberates Gilgamesh
and deep in thought scratches
his lion under the chin
who knows these people and the world
the lion muses and lazily blinks
his yellow desert eyes

a gentle gust of wind sets
the papyrus rolls into motion
shards of marble crumble from the columns
one day they will rack their brains
over my first name thinks
the blind poet Homer and
slyly strokes his white beard
bridges crumble and collapse
and the last of Pompei's houses at the foot of Vesuvius
are swallowed by a sea of fire
I'm not afraid even of you
says time knocking casually on
the pyramids with his walking stick

eksimine on inimlik
mõtleb kurnatud ja
kogenematu kaamelipoeg
ja ajab ümber peremehe savipotid

to err is human
thinks a haggard and
callow young camel
and knocks over his master's clay pots

Tuleb mis tuleb
noored kastanimunad mädanevad mustaks
ja rõõmsalt tabavad meid esimesed raheterad
mis keelel ei sula
tuleb mis tuleb
õhtu kisub end lahti päeva käte vahelt
ja libistab end alla
öö hämarat nõlva mööda

sa õpid ära võõra keele
ja siristad välja oma tunnete tumeda mahla
aga minu lapsepõlve kõrged puud
on kerinud kokku oma kiiged
ja põgenevad mere poole
tulgu mis tuleb

Come what will
young horse chestnuts will turn black with decay
and the first hailstones will catch us joyfully
and not melt on the tongue
come what will
evening will tear itself loose from day's hands
and slide down
along night's darkening slope

you learn a foreign language
and chirp the dark sap of your feelings out
but the tall trees of my childhood
have rolled up their swings
and are fleeing towards the sea
come what may

Näeme elu läbi oma sugupoole poolikuse
teie – igavesti isased
meie – igavesti emased
hoiame oma inimkäte vahel
kes teab kust lahti murdunud klaasikildu
kas läbi selle kitsa klaasikillu
ainult julgemegi vaadata?

sõrmed juba verised sellest teravast ja tumedast klaasitükist
teeme põrguks elu
tüütame teineteist ära
tütarde ja poegade
tibide ja tüüpide
emade ja isade
eitede ja taatide
naiste ja meestena
tüütame ja toetame
armastame ja alandame

ainult unes oleme vabad
käed vajuvad rinnale ja paranevad veidi
unes saab mulle selgeks inimeseilme su poisipilgu taga
sulle saab selgeks hele headus
taga mu tumedate tüdrukusilmade
noorkuu roomab meist üle nagu mardikas
triivib üksi nagu ankruta laev
ja rohelised kaldad on näha
ja kaljud on näha
ja kiikuvad antennid
sammaldunud keldrid
poolikud puuriidad
kaks verist klaasikildu kaldaliival
veetoobrid ja peegel
kell kapid ja voodi

üks meist
ärkab hommikul
ja värvib ennast klaasikilluga
manab naisenäo pähe

We each see life through the half measure of our own sex
you – eternally male
we – eternally female
we hold between our human hands
a sliver of glass broken off from who knows where
do we dare to look
only through this slender sliver of glass?

our fingers bloodied by this dark sharp
bit of glass
we make life hell
wear each other down
as daughters and sons
birds and blokes
mothers and fathers
old crones and codgers
women and men
we bother and bolster
love and demean

only in sleep are we free
our hands sink onto our breast and heal a little
in sleep the humanity behind your boyish glances becomes clear to me
the bright goodwill behind my dark girlish eyes
becomes clear to you
the new moon roams over us like a beetle
drifts alone like an anchorless ship
and green shores can be seen
and crags can be seen
and swaying antennae
mossy cellars
unfinished woodpiles
two blood-stained slivers of glass on the sandy shore
tubs of water and a mirror
a clock cupboards and a bed

one of us
wakes in the morning
and paints herself with a sliver of glass
conjures a woman's face

paneb teravad killud kontsadeks
oma kaunite kandade alla
läheb
kergelt
ometi kannatades

teine meist
tunneb ärgates külje sees valu
klaasikild tema kadunud küljeluu asemel
kõditab ja kriibib

puts sharp slivers for heels
beneath her lovely feet
goes off
lightly
yet suffering all the same

the other one of us
feels a pain inside upon waking
a sliver of glass in place of his lost rib
tickling and scratching

Uned on nagu hirved
ujedad ja iseseisvad
olen kütt udusel unekaldal
kütt kes kunagi ei lase
aga ei lase
ka silmist

suure valge surmajärve kaldal
algas elu
igal hommikul hõõrusime moosiks hõõguvad pohlad
ja puhastasime puravikud

kaks tumedat elujõge voolas järve
ja üks
ainult üks tuli välja

udusel unekaldal
olen kütt kes ei lase
silmist

Dreams are like deer
shy and self-contained
I am a hunter on the foggy shore of dreams
a hunter who never takes aim
but never takes
her eyes off

on the shore of death's great white lake
life began
every morning we crushed the glowing red bilberries into jam
and cleaned the wild mushrooms

two dark rivers of life flowed into the lake
and one
only one came out

on the foggy shore of dreams
I am a hunter who never takes
her eyes off

Hiiglasuur lennuk
Boeing 757
armus haigrusse
oi kuidas ta tahtis
lennata üle selle soo
kus haigur seisis
rohmakal kännul
sihvakad jalad
nii peenikesed ja pikad
silmad vidukil iseendas
suled unenägude värvitut värvi
näha hetkeks tema tiibade musta
paokil noka teravat pintslilööki
oi kuidas ta tahtis
panna maha oma kiirustavad reisijad
jätta oma igapäevane igav töö
ja söösta alla tema juurde
keerelda tantsida
pööraselt pöörelda
roostesel rabajärvel
tema nii hele ja haljas keha
igatses tunda linnusulgede lähedust
tiivad tiibades uinuda
vastu ta unenägude värvitut värvi

ja siis sosistaks ta haigrule
ärka haigur
vaata kui ägedaid tähti
täis on taevas
seal üleval tundsin
ainult kütuse kuuma
kutset kihutada

A giant airplane
a Boeing 757
fell in love with a grey heron
oh how it wanted
to fly over the marsh
where the heron stood
on a rough stump
slender legs
so thin and long
eyes half shut within itself
feathers the colourless colour of dreams
to see for a moment the black of its wings
the sharp brushstroke of its open beak
oh how it wanted
to set down its hurrying passengers
to leave its tedious everyday work
and swoop down to the heron
to twirl and to dance
to whirl wildly
on the rusty bog
its oh so bright and shining body
yearning to feel the nearness of bird feathers
to fall asleep wing in wing
against the heron's colourless colour of dreams

and then it would whisper to the heron
wake up heron
look how full of fiery stars
the sky is
up there I only felt
the heat of the fuel
the call to hurtle on

VIISID MIS VIISID MU SÜDAME

1.

on öö
kuningapoeg
kaugel eemal su lossi tornid
vallutavad hommikutaeva
aga sa ütled
et ei tea kaunimat koitu kui mina su käte vahel

ahh

olen uskmatute ussisugu
olen sosistuste soosik aga ometi ainus kes ei tohi sind
tõsiselt võtta
läidad mu silmis leegi
nagu oleks unenägude mina unustanud enda
nagu oleks öine udu ja vihmapiisad põsel
oma töö teinud

TUNES THAT CARRIED MY HEART

1.

it is night
king's son
far away the towers of your castle
conquer the morning sky
but you say
that you know no lovelier dawn than me in your hands

ahhh

I am the unbelievers' brood of vipers
I am the darling of whisperings and yet the only one
not permitted to take you seriously
you kindle a flame in my eyes
as if the me of dreams had forgotten herself
as if the night fog and the raindrops on my cheek
had done their work

2.

kesksuvel sündisin
ja kesksuvel suren
aga praegu pean pulmi
kleidi kahinal keereldes
oma
veel peenikese piha ümber
patsid lendamas tuules
linna lõpus
suure metsa alguses

olen üleval öö otsa
et kuulda ja kuulatada
viise mis viisid mu südame
vanas pärnapuupaadis
püha jõge pidi alla

kuhu kaldasse ta jooksis
kuhu kõrkjaisse kaldus
missuguses muistses riigis
millisel hommikul

ahh

käed otsisid käsi
hoog andis hoogu juurde
valged kased kummardusid üle
noorushallide juuste

kuraditosin versta
olen käinud öisel ajal
läbi metsa kus tuleb ainult paluda
otsides hommikut
mis tõotas
mitte kunagi enam tulla

2.

I was born at midsummer
and will die at midsummer
but just now I am celebrating a wedding
whirling in the rustling of my gown around
my
still slender waist
plaited hair flying in the wind
where the town ends
where the great forest begins

I am up all night
to hear and to listen to
tunes that carried my heart
in an old boat of linden wood
down the holy river

what riverbanks did it glide to
what rushes did it drift to
in what ancient country
on what a morning

ahhh

hands sought hands
surge led on to surge
white birches bent over
hair grey with youth

a devil's dozen miles
I have walked in the night
through the forest where you can but pray
looking for the morning
that vowed
to come no more

Oo lõputud lahingud sinuga
põrgulikud ja põnevad

ülistan tülide säbrulist vett
kui mu laevade Võitmatu Armaada
on heisanud purjed
ja sinu elevandid tulevad
aeglaselt ja peatumatult
üle mu Alpide

olen sinuga sõjas oma vabade pustade pärast
sõjas kõigi oma südame suurtükkidega

möödunud ööl oli eriline märul
magasime mõlemad majas
kus kardetavasti kummitas
aga öö otsa ei juhtunud midagi

ainult hiiliv hirm
oli käivitanud meie mõtete mürsud
jälle
pidin palkama oma südame salaluurajad
et uurida kuidas sa raiskad
mu tunnete nurgelisi rahatähti
mu ulmade kuldseid kopikaid

millises mängupõrgus parseldasid maha
minu isu olla sinu ees igavesti uhiuus?

vasak kahurikorpus – tuld!
jalavägi – rünnakule!
vibukütid – valmis olla!

aga – ai!
enne kui ükski kuul sinuni jõudis
moondusid sa magajaks
laisaks loheks
kes roomab üle mu kirglike sõdurite
haigutab ja uinub

Oh the endless battles with you
hellish and compelling

I exalt the turbulent waters of conflict
when the Invincible Armada of my ships
has raised its sails
and your elephants come
slowly and inexorably
over my Alps

I'm at war with you over my free pusta grasslands
at war with the aid of all the big guns of my heart

last night there was an exceptional fray
we both slept in a house
feared to be full of hauntings
but nothing happened all night long

only creeping fear
had fired the shells of our thoughts
again
I had to recruit the spies of my heart
to investigate how you waste
the angular banknotes of my feelings
the golden kopecks of my dreams

in what gambling hell did you haggle away
my desire to be eternally new before you?

cannon to the left – fire!
infantry – attack!
archers – at the ready!

but – oh!
before a single shot reached you
you turned into a slumberer
a drowsy dragon
who slithers over my impassioned soldiers
yawns and falls asleep

koon esikäppadel
kogu keha uneraudrüüga ehitud ja hoitud

hommik tuleb
hallane ja selge
riietuge valgesse mu ustavad jäägrid
kohe pärast koitu võtame üles
selle ilge roomaja
kohutava koletise jälje

snout on his front claws
his whole body arrayed and protected in the armour of sleep

morning comes
frosty and clear
clothe yourselves in white my faithful huntsmen
straight after dawn we will pick up
the trail of this loathesome slitherer
this abominable monster

Tuul
euroremonditud tubades
kuulen teda liiga vähe
ainult aiman kui ta eksib
mu vana ahju lõõridesse
ülemisel euroremontimata korrusel kuulen teda kogu aeg
ta puhub igast unkast ja paneb kapi kohal
laperdama vene-aegse tapeedi lahtise serva
oi tuul
seon rätiku pariisitari moodi pähe ja tunnen
äkki oma haprust

kus on kuu
lähedal
nagu sada viiskümmend korda Tallinnast Moskvasse
ja tagasi
tingimata ka tagasi
kus on kuu
ta oli just siin ja kadus siis
ei saanud temast minule meest
kakssada kutsarit ootasid värava taga
kui ta siin peatus
kakssada piipu põlesid
kakssada kaarikut kadusid kolisedes
kuulsad ei sõida ju kunagi üksi

kus on ta nüüd
tähti kukub kõnniteele puruks
kui mõne tüki leian
saan hetkeks pihku sooja
päike peatub korraks
ja paneb siis jälle õhtu poole leekima
juba ta vajub unepunaselt udulinade vahele
tuul
talvetuul euroemonditud tubades
seon rätiku esiemade moodi pähe ja
tunnen äkki oma tugevust

The wind
in these eurorenovated rooms
I hear too little of it
I only get an inkling when it strays
into the old oven flues
on the upper un-eurorenovated floor I hear it all the time
it blows in through every opening and over the cupboard sets
the loose edge of Russian-times wallpaper flapping
oh the wind
I tie a scarf round my head in the fashion of Parisians
and suddenly feel my fragility

where is the moon
nearby
like a hundred and fifty times from Tallinn to Moscow
and back
definitely back as well
where is the moon
it was only just here and then vanished
it didn't become a man for me
two hundred coachmen waited at the gate
when the moon stopped here
two hundred pipes glowed
two hundred carriages disappeared clattering
for after all the famous never travel alone

where is the moon now
stars fall and shatter on the footpath
when I find a piece
there's warmth in my hand for a moment
the sun stops awhile
and again sets the western sky ablaze
and it already sinks red with sleep between the sheets of mist
the wind
winter wind in eurorenovated rooms
I tie a scarf round my head in the fashion of my foremothers
and suddenly feel my strength

Püssimees seisab õues
hommikuhämaras
küsib: kus teie mees on?
teatab, et aega on kaks tundi
ja siis...
mida ma panen kokku?
süda kisub kokku
mida ma lastele ütlen?
kaks tundi
ja siis?
kes lüpsab mu ammuvad lehmad
kas küsida jumalalt?
põllu peal ärkab päike
pikalt ja punavalt
kellelt veel abi loota?
kui küsida sulaselt?
põllu peal ärkab päike
veripunaselt
lapsed ja kompsud koormale
küll on saatanad!
metsaservalt mu mehe
ahastus
jääb meile järele vaatama

A gunman stands in the yard
asks where is your husband?
announces you have two hours time
and then...
what will I bundle together?
my heart is tightening
what will I tell the children?
two hours
and then?
who will milk my mooing cows
should I ask god?
the sun is waking on the field
slow and reddening
who can I hope to get help from?
should I ask the farmhand?
the sun is waking on the field
blood-red
the children and bundled belongings onto the cart
oh they are fiendish brutes!
at the edge of the forest my husband's
despair
stays behind to watch us go

JÜRIÖÖ SÕNUM

üheksateistkümne tuhande hõbemarga eest
müüdi maha mu maa
Saaremaal kõrkjate vahel
nägin koledaid asju

ring viimase linnuse ümber
tõmbus kokku
ja 13 musta ronka lendas kraaksudes
Liivimaa poole

olen saatuse saadik
õnnetu pealtnägija
kes peab kirja külge kinnitama
oma vendade surmakarjed

658 talve olen olnud teel
kare paber vastu kuuma ihu
aga minu setukas on vana
ja mantel liiga maakarva
et keegi võtaks veel kuulda
kui hirmunult hirnusid hobused
kui raius rist
kui külmalt kõlisesid hõberahad
Taani kuninga taskus

TIDINGS OF ST GEORGE'S NIGHT

for nineteen thousand silver marks
my country was sold
I saw dreadful things
amid the rushes in Saaremaa

the ring around the last stronghold
drew tighter
and 13 black ravens flew cawing
towards Livonia

I am the envoy of fate
the wretched witness
who must affix the dying screams
of her own brothers onto paper

658 winters I have been on the road
rough paper against my warm body
but my horse is old and frail
and my coat too much the colour of the land
for anyone to take heed of
how terror-stricken the horses whinnied
as the cross lashed out
how coldly the silver coins rang
in the Danish king's pocket

Päike paistab meile pärastlõunal kuklasse
kui kummardume oma elude
härjaikke alla
ustavad varjud
mustad kui rakked
õhtupäikesest soolased ja soojad
sinu silmad – tumedad kui tänu

unest karedate häältega
sosistame unistussõnu
aknaplekid tilguvad vihmast
trepikojas kolistab tuul
ja viimased lehed kukuvad kõheldes kaevu

mida siis uskuda
siin puudekummardajate maal
kus kantslid ikka veel voolavad valatud verest
verest mis
puujumalatel puudus

The afternoon sun shines on the backs of our heads
as we bend down under the oxen yoke
of our lives
faithful shadows
black as the harness
salty and warm from the evening sun
your eyes – dark as gratitude

in voices hoarse with sleep
we whisper dreamy words
windows drip with rain
the wind rattles in the staircase
and the last leaves fall wavering into the well

what are we to believe then
here in this land of tree worshippers
where the pulpits still flow with spilt blood
blood
the tree gods were without

LUIGELUULINN

kord nägin mererannas meest, kes korjas kivide vahelt lindude konte. Pidasin teda linnuteadlaseks ja olin juba möödumas, kui miski mu tähelepanu köitis. Mehe liigutused olid noored ja nõtked, aga tema silmavaade enam kui tuhandeaastane.
Kes sa oled?
Olen arhitekt ja armastaja, vastas ta. *Aga tüdruk, keda tahan kosida, ei tule mulle enne, kui olen ehitanud linna, mis lendaks ta unistuste kõrgusel. Olen talle ehitanud juba terve maailmatäie linnu, mõned neist lausa pilvedeni ulatuvate majadega. Tema võtab uue linna küll vastu, limpsib rõõmsalt pargipinkidel jäätist ja kõnnib uhkelt mööda selle linna eluga ehitud tänavaid, aga kui mina lootusrikkalt tema poole astun, kostab ta: "See pole see," ja kaob rahvamurdu.*
Võib-olla oled valinud vale tüdruku? küsisin kahtlevalt.
Ei, viga pole tüdrukus. Kivid on liiga rasked. Puud lähevad kergesti põlema. Luigeluud on seest tühjad, nad kannavad kõrgele ning hoiavad koos elavaid, vaime ja unistusi. Seekord saab ta oma linna, sõnas mees ja kummardus uuesti kivide kohale.
Luigeluulinna, mõtlesin kaugenedes, *tahaksin minagi seal elada.*

SWAN BONE CITY

I once saw a man at the seashore who was collecting the bones of birds from between the stones. I thought he must be an ornithologist and I was just about to pass by when something caught my eye. The man's movements were young and nimble, but the look in his eyes was more than a thousand years old.
Who are you?
I'm an architect and a lover, he answered. *But the girl I want to marry won't have me until I've built a city that flies as high as her dreams. I've already built her a worldful of cities, some of them with houses rising right up to the clouds. She always accepts the new city, happily licks ice cream on park benches, and walks proudly along the city streets adorned with life, but when I approach her full of hope, she replies "This isn't it," and vanishes into the crowd.*
Maybe you've chosen the wrong girl? I asked doubtfully.
No, there's nothing wrong with the girl. Stones are too heavy. Wood burns too easily. Swan bones are hollow inside, they carry high up into the air and hold the living, spirits and dreams together. This time she will get her city, the man said and bent down again over the stones.
A city of swan bones, I thought as I walked away, *I'd like to live there too.*

Merest tulevad lehmad
sel aegade alguse hommikul
sinirohelised lehmad
udarad soolast merepiima täis
ja Mereema ajab nad kaldasse
mererohust vitsaga

Merineitsid tulge lehmi hoidma
ja ennast hoidma
iharate õitsiliste eest
sada sinirohelist lehma olgu sügisel
tagasi siin kirevate kivide lahes
udus säragu nende sarved
ja sädelegu teie silmad
aga südamed hoidke selged ja jahedad
nagu hommikukaste

teie ei harju iial inimnaiste eluga
see paneb südamele kütked
unistused ei täitu
ja tunnetest tõuseb vaid tuska
inimesed on ilusad aga julmad
nad hoiavad peredesse nagu putukad
korjavad öösiti unede kulda
ja hommikul pillavad kõik käest

saada neist kellegi omaks tähendab olla
ühele inimtähele ähvardavalt lähedal

aga teie silmad on nagu ilmameri
tähed upuvad sinna

Merineitsid tulge lehmi hoidma
aga südamed hoidke selged ja jahedad
nagu hommikukaste

Cows come from the sea
on this morning at the beginning of time
blue-green cows
udders full of salty sea milk
and the Sea Mother drives them ashore
with a switch of sea-grass

Sea Maidens come keep the cows
and keep yourselves
from lecherous herders by night
in autumn may a hundred blue-green cows
be back here in the bay between mottled stones
may their horns glisten in the mist
and may your eyes sparkle
but keep your hearts clear and cool
like the morning dew

you will never get used to the life of human women
it puts fetters on the heart
dreams are never fulfilled
and feelings only give rise to grief
people are beautiful but cruel
they keep to their kin like insects
they gather the gold of dreams by night
squander it all away in the morning

to become someone's own means being
dangerously close to a human star

but your eyes are like the sea of the world
stars drown in it

Sea Maidens come keep the cows
but keep your hearts clear and cool
like the morning dew

JAANIÖÖL

1.

panen helepunase kleidi selga
ja lähen poegadega
jaanipeole
seal on palju
millest üle saada
põlvini hõljuvat neitsirohtu
ja tärkavat naistepuna
kuhu tallata oma rada

päevast päeva siin
merekaldal
oma elutantsu tantsides
lonkan sinu najal
paremat jalga
sa lonkad minu najal
vasakut jalga
mu juuksed lehvivad soolases tuules
nagu päevi näinud purjed
su käed ronivad mu pihta mööda
nagu aastad

sa lonkad ja ronid
ma istun kaevuäärel
nagu helepunane tuvi

mu pojad tantsivad
pisikeste vaikivate tüdrukutega
kellest saavad kohe noored
tugevad hundid
kes hüppavad hämarikus
läbi kuldse sõrmuse
neile kosja ei minda
neile hõbekuulid peale ei hakka

neid nilpsavad sõnajalgade padrikus
näljased isased küsimused

mu pojad on alles poisikesed
nad on pikad väiksed

ST. JOHN'S EVE

1.

I put on a light red dress
and go with my sons
to the midsummer festivities
there is a lot
to be got over
virgin grass wafting round my knees
and nascent lady's fern
to trample my own path through

from day to day here
at the seashore
dancing my own dance of life
supported by you I limp
with my right leg
supported by me you limp
with your left leg
my hair flutters in the salty wind
like sails that have seen better days
your hands climb along my waist
like the years

you limp and climb
I sit on the edge of the well
like a light red dove

my sons dance
with tiny silent girls
who straightaway become young
strong wolves
who leap in the twilight
through a gold wedding ring
no one dares to propose to them
silver bullets have no effect on them

starving male questions
lick at them in the fern thicket

my sons are only little boys yet
they are tall small

ja vastusevalmis
nad jaksavad ühekorraga ära süüa
viis praadi ja kuus kilo jäätist

2.

panen kolmeks päevaks sõnad
südamekappi ära
kogun üheksa lille padja alla
ja uinun

näen unes
tohutut Trooja hobust
ta veereb hämarikus
mu linnamüüridest sisse
viiekümne vahitorni sõdurid on uinunud
üksi olen ärkvel et otsustada

võtan kingituse vastu

mürisedes veereb see suur puuloom
mu poole
ta silmades on
mustav mehine
tühjus
ta ninasõõrmetest pahvatab
inimhingeõhku
ta roiete vahel
välgatavad relvad
ta tagajalgade vahel on salauks

kui magan magusat
üheksa lille und
tulevad nad välja

ja vaikus saab äkitselt
raskeks
nagu võit

and ready to respond
in one go they are able to eat
five roasts and six kilos of ice cream

2.

for three days I put words away
into the cupboard of my heart
I gather nine flowers to put under my pillow
and sleep

in a dream I see
a massive Trojan horse
it rolls in the twilight
in through my city walls
the soldiers on fifty watchtowers have nodded off
I am the only one awake to make a decision

I accept the gift

the big wooden animal rolls rumbling
towards me
in its eyes there is
a blackening manly
emptiness
human breath erupts
from its nostrils
weapons flash
between its ribs
there is a secret door between its hind legs

when I sleep my sweet
nine flower sleep
they come out

and silence suddenly becomes
as heavy
as victory

Tuhat põlvkonda sigijaid ja sigitajaid
kindakudujaid ja kübarakandjaid

noored norskavad heintel ja vanad võtavad viimast
oma elu viimaselt peolt

mina ei ole neist kumbki
hiilin öösse
ronin kiigele
üles alla   alla üles
surm sünd   sünd surm
üles alla   alla üles
rõõm mure   mure rõõm
alla – õõnes õnnetunne kõhus
enne suurt tõusu
üles – kaalutaolek enne kuldaega
enne küpset kukkumist
jälle vanaks
uuesti nooreks saamist

A thousand generations of child-bearers and begetters
knitters of gloves and wearers of hats

the young snore on the hay and the old squeeze the last
out of the last festivities of their lives

I'm not either of them
I slip out into the night
climb onto the swing
up down   down up
death birth   birth death
up down   down up
joy sorrow   sorrow joy
down – a hollow feeling of happiness in the stomach
before the great ascent
up – weightlessness before the golden time
before the ripe falling
growing old again
becoming young anew

Õitsevast vahtrast läbi
tungivad
pärastlõunapäikese kiired
täna nagu saja aasta eest

joon sinuga koos
esimest tassi teed
ja juba oleme jõudnud
poolele teele

kohe on see hetk
minevikukaevu
kallatud
ja mitte kunagi enam
ei saa teda sealt
tagasi ammutada

kohe oled sa vana mees
kohe olen ma vana naine
kohe on lapsed suured
kohe joome koos
viimast tassikest teed
õhtupäikese kiirtes
õitseva vahtra all

Through the blossoming maple
the rays of afternoon sunlight
force their way
today just like a hundred years ago

together with you I drink
a first cup of tea
and already half
the journey's done

in an instant this moment
will be poured
into the well of the past
and from there
can never be
drawn out again

in an instant you will be an old man
in an instant I will be an old woman
in an instant the children will be grown
in an instant we will drink
a last cup of tea together
in the rays of the evening sun
under a blossoming maple

Raagus kodupuude ustav rivi
ilmub hetkeks täiskuu valgusvihku
kannan kaasas seda pigimusta kivi
mille surusid mu heledasse pihku

klaasist sildu kerkib jalge ette
nagu ikka võluritele
võtan kivi kõvemini kätte
ega vasta sõnumitele

nõnda üksi paljajalu minna
mööda ööd ja vihmamärga teed
kustutada vana valu rinnast
jõuda sinu juurde rõõmupärgades

The faithful row of bare trees of my home
appears in a fleeting shaft of full moon light
I carry with me that same pitch-black stone
that you pressed into my hand so very bright

bridges of glass rise up before my feet
as they are wont to do for an enchantress
In my hand I hold the stone more tightly
nor do I answer any messages

to go along like this alone and barefoot
following the night and rain-wet way
extinguishing the old pains from my breast
and reaching you at last in wreaths of joy

Astusin paljajalu
murule
selles aias
kus iga millimeeter
teab kes olen

praegu on siin kõik veel kulukollane
muld kõva ja jääs

eile soojendasid
peaaegu põletasid
mind

täna sulatan jalataldadega
oma aia mulda

I stepped barefoot
onto the grass
in this garden
where every millimetre
knows who I am

for now everything here is the yellow of dead grass
the soil hard and icy

yesterday you warmed
nearly burnt
me

today with the soles of my feet I melt
the soil of my garden

Hommik täis kuldset öötolmu
hetkeks õrnaks muutunud torme
linna ääres võrsuvad noored korstnad
tänavate äärde istutatakse kodusid
kõik kohad külvatakse täis uusi inimesi
kärjekannudesse valgub tumekollane surelikuksolemisemesi

sel öösel lendame ühest sõnajalaõiest teise
otsime puhast häält
et oleks eriti pilkaselt vaikne

tumepunane veri heliseb meie sees
märjad sügavad orud kajavad vastu
mäetippudel pikutab pantreid
kelle pilk on vaba ja vana nagu ilmamaa

me ronime Pirani müüridele
hoomame ajatute tormirooside lõhna
viime tagasi Babüloni väravad
süütame Uri koldetule
lammutame Paabeli torni viimase kivini lahti
otsime esimest heli
omaenese puhast häält
et oleks eriti pilkaselt vaikne

Morning full of night's golden pollen
storms that have become gentle for a moment
at the edge of town young chimneys are sprouting
homes are planted at the roadsides
everywhere is being sown full of new people
the dark yellow honey of being mortal flows into honeycomb cells

this night we fly from one fern blossom to another
seek a pure voice
to make it quite impenetrably silent

dark red blood peals within us
deep wet valleys echo
on the hilltops panthers loll
their gaze free and old as creation

we climb onto the walls of Piran
discern the scent of timeless storm roses
return the gates of Babylon
kindle the hearthfire of Ur
pull down the tower of Babel to the very last stone
seek the primal sound
our own pure voice
to make it quite impenetrably silent

Lärmist üsna tasaseks jäänud
pühkisime meelest tuleviku
me isegi ei mäletanud
kelleks me saame
minu käte vahel oli äkki su kampsun
selle sees sina
ja silmad
mis naersid valusalt
mu käte vahel oli äkki noor noaloopija
ja mina tahtsin olla
sihtmärk

kui jälle teadvusele tulin
oli sohvasse löödud
sada nuga
ma olin terve ja me laulsime õnnest

Left quite still from the noise
we wiped the future from our minds
we didn't even remember
who we will become
suddenly your pullover was in my arms
in it was you
and eyes
that laughed painfully
suddenly a young knife thrower was in my arms
and I wanted to be
the target

when I came to again
a hundred knives
had struck the sofa
I was whole and we sang for joy

Sina ja mina oleme päiksega täiesti muutunud
oleme rahulikud
metsikud hobused
laisklevi silmi
vaatame kuidas
kevad veel kevademaks muutub
kuidas meie lood
edasi looklevad
ja eksimustest saavad
õnnestumised

oleme metsikud hobused
kes rahustavad teineteist
aga iialgi taltsaks ei saa
mööda lõputuid võililleseid
teeääri
looklevad meie lood

oleme päiksega
lume lõpliku minekuga
täiesti muutunud

You and I have changed completely with the sun
we are serene
wild horses
with indolent eyes
we watch how
spring becomes yet more springlike
how our stories
meander onwards
and how mistakes
bear fruit

we are wild horses
who bring serenity to one another
yet never become tame
along endless dandelioned
roadsides
our stories meander

with the sun
with the final going of snow
we have changed completely

Aed on täis
mu valgete jalgade laulu

hing on nagu need ämblikuniidid
risti-rästi
pingul
kahe klaariõunapuu vahel

enne koitu
on kehad rasked
uni surub laud sügavale alla
sa magad
ripsmed puhkamas põskedel
hommik pole veel puudutanud su unede põlde
su alateadvuse üksildasi lauskmaid

maga-maga
käed ümber minu
siin on ohutu öö
aed on risti-rästi täis
ämblikuniite
ja mu valgete jalgade laulu

The garden is full
of the song of my white feet

my soul is like these threads of spider silk
tensed
criss-cross
between two apple trees

before dawn
bodies are heavy
sleep presses eyelids down
you sleep
eyelashes resting on your cheeks
morning has not yet touched the fields of your dreams
the lonely open land of your subconscious

sleep-sleep
your arms around me
here the night is safe and sound
the garden is criss-cross full
of spider silk
and the song of my white feet

Meelillede tee
meenub talvetuulisel hommikul
kõrgete tilkuvate kuuskede all
meelillede tee
kuival uneharjal
mida mööda
heledatel öödel
kui kõik mesilinnukesed magavad
käin ikka veel
ikka edela
suure täiskuuõie
rahutu ritsikaristmiku
poole

A road of red clover
comes to mind on a wintry-windy morning
under tall dripping fir trees
a road of red clover
on the dry crest of sleep
along which
on bright nights
when all the honeybees are sleeping
I keep walking
ever southwest
towards the big blossom of the full moon
the restless crossroads
of crickets

Muutun hämaruse tulekuga
ja lehtede langemisega
üha öisemaks
olen üleni täis
selle suveõhtu nimetut üminat

muutun üha öisemaks
ja ma ei vaja täna su lõket
su tunnetesüsist lõket
ennast soendama

muutun ühes hämarusega
valge sireli sarnaseks
meelespeasiniseks
lupiinlillaks
järjest suveöisemaks
selle vihmatu seitsmevennapäeva ööst öisemaks
vajun ikka sügavamale öö sülle
tagaaia nõgesepuhmaste vahele

ma ei vaja täna su lõket
suure puhta kuu
võtan täna kaissu
ennast soendama
muutun järjest õhtusemaks
järjest paadisemaks
järjest neiumaks ja noormehemaks
sinisilmsemaks
ja piimjamaks
siin aias mis on täis
valge ristiku vahuharju
ja noorte öökullide huikeid

muutun järjest janusemaks
ja sellest janust saab mu janu täis
muutun järjest tõsisemaks
selle öö tõeks
järjest tumedamaks
sulnimaks
seitsmevennapäeva öö
õeks

With the coming of dusk
and the dropping of leaves I become
more and more nocturnal
I am brimming
with this summer evening's nameless hum

I become ever more nocturnal
and I don't need your fire today
the fire of the coals of your feelings
to warm myself

together with the dusk I become
more like the white lilac
forget-me-not blue
lupin purple
ever more summer-night nocturnal
more nocturnal than this rainless Seven Brothers' Day night
I fall ever deeper into the lap of night
between the back garden's nettle bushes

I don't need your fire today
today I embrace
the big pure moon
to warm myself
I become more and more evening
ever more boat-like
more girlish and young-mannish
more blue-eyed
and milky
in this garden which is full
of foaming waves of white clover
and the hooting of young owls

I become ever more thirsty
and from this thirst my thirst is fulfilled
I become ever more serious
become the truth of this night
ever darker
more delightful
the sister
of this Seven Brothers' Day night

Kihutan sinu poole
üle Aafrika
all Kameruni sadamate tuled ja
Burkina Faso pilkane pimedus

ilusad ploomikarva naised tulevad turult
kirjud kannud pealael
lapsed sagimas ümber säärte

kihutan sinu poole
läbi Sahara
sahisen nagu uss läbi liiva
kihutan üle hiigel-Niiluse
mis jälgib mind näljaselt
hõõrudes oma märgi külgi
vastu januseid kaldaid

Sööstan su poole
üle Kuldsarve lahe
läbi ajaloo
läbi tuhande ja ühe sügise ja talve
läbi ööde
mida peaaegu polnudki olemas
läbi oliivisalude
läbi magusalt lõhnavate
viinamarjapõldude
kannad kahisemas vastu kevadet
patsid lohisemas vastu suurt suve

kihutan sinu poole üle
palavate paavstimaade
kus patud päevitavad
iga armastuse kraavis
kas kuuled kuidas ma tulen
mina musta Eeva
äkitselt valge võsu

mu rinnad kumavad nagu klaariõunad
randmed on rahutud nagu
hilissuverohi

I career along towards you
across Africa
down below Cameroon's harbour lights and
Burkina Faso's impenetrable darkness

beautiful plum-coloured women come from the market
mottled jugs on their heads
children scurrying round their shins

I career along towards you
through the Sahara
swish like a snake through the sand
I career over the giant Nile
that tracks me hungrily
rubbing its wet sides
against the thirsty banks

I sweep towards you
over Golden Horn Bay
through history
through a thousand and one autumns and winters
through nights
that nearly never were
through olive groves
through sweet-smelling
fields of grapes
heels swishing towards spring
plaits trailing behind towards high summer

I career along towards you over
hot papal lands
where sins sun themselves
in the ditch of every love
do you hear me coming
me Black African Eve's
suddenly white offshoot

my breasts are aglow like yellow apples
my wrists are restless like
late summer grass

kihutan su poole
üle Baltimaade
tanklate ja traataedade
külade ja kruusateede
üle kokku laenatud kodude
ja liisinguautode mere

kihutan su külla
täielikku tagalasse
ja mu juuksed ja sall õhkuvad ikka veel
hilissuvehurma

kihutan läbi
aastasadade
sumpan põlvkondade mülgastes
tulen neutraalselt ja elusalt
kõigist sõdadest läbi

tulen värisemata üle
üksilduselahtede
et haista su lõhna
mõõta kallistustega su õlgade laiust

sina
noor vana
kerge raske
igivana rahuliku rahva
mässav poeg

mina
musta Eeva
äkitselt valge võsu
rinnad nagu Peipsi sibulad
silmad ujedad nagu
Läänemere särjed
pilk kindel nagu
ei miski siin ilmas

juba oled sa lähedal
su sõrmede ümber on pimedus
su südame ümber sõda
oled ilus ja soolane
ja sääsed sind ei söö

I career towards you
over the Baltic lands
petrol stations and wire fences
villages and gravel roads
over houses borrowed for
and a sea of leased cars

I career over to your village
far from the front
and my hair and scarf still emanate
the spell of late summer

I career through
centuries
wade through the quagmire of generations
come neutral and alive
through all wars

I come without trembling over
bays of loneliness
to smell you
to measure with embraces the breadth of your shoulders

you
young old
light heavy
rebellious son
of an age-old peaceful people

I
Black African Eve's
suddenly white offshoot
breasts like Peipus onions
eyes shy like
Baltic Sea roach
a sure gaze like
nothing in this world

already you are close
darkness around your fingers
war around your heart
you are beautiful and salty
and the mosquitos do not bite you

Aeg õgis ära mu vanad kõrvad
millega ma
kuulsin kosmost

juba kasvatan uusi
õrnalt võrsuvaid
kõrvalilli
millega ronida
sind mööda üles
öö öö järel
kõik järjest lillhernem
järjest ülaseniiskelt nüüdsem

Time devoured my old ears
with which I
listened to the cosmos

I'm already growing new ones
delicately sprouting
earflowers
with which to climb
up along you
night after night
everything ever more sweet-pea
ever more here and now like moist anemone

Kas mäletad seda aega
kui kiirteed täis kasvasid
kõigepealt tuli võsa
õige ruttu ka sääsed ja ööbikud
kas mäletad kuidas jõudsime väljakaevamistel
äkki ühe kihini
kus kõik oli alles
need vanad mobiiltelefonid ei mahtunud enam muuseumidesse
jätsime need sinnapaika
selles kihis oli kõik nii selge
et kaotasime huvi

tahtsin sind üllatada
ja kivikirvest leida
ja muudkui kaevasin edasi

kallis
vaata millisest mullast oleme võetud
kiirteest sai võsa
võsast mets
mets on must
ja üleni
sääski täis

Do you remember the time
when the motorways became overgrown
first of all came scrub
very quickly mosquitos and nightingales too
do you remember how our excavations
suddenly reached a layer
where everything was still intact
those old mobile phones wouldn't fit anymore into the museums
we left them where they were
everything in that layer was so clear
that we lost interest.

I wanted to surprise you
and find a stone axe
and kept on digging

my dear
see what soil we are taken from
the motorway became scrubland
the scrubland a forest
the forest is black
and all over
full of mosquitoes

Meie kodu on üleni
sirelipõõsaisse uppunud
nii et eemalt paistab vaid katuseviil
need Eestimaa vanad
viilkatusega alevimajad
on kõik nii sarnased
sadade tuhandete viisi
et ei saagi aru
miks pidada üht kallimaks kui teist
köögiaken ikka tänava poole
vaskne lipuvardatoru
sini-valge majanumber
aiavärav postkast uksekell
suviti õhuakendel sääsevõrgud ees
kojas kummikud
ja aiatöökindad
pilved kihutamas üle õuemuru
mille väärtust ei saa
millegagi mõõta

ainult see mürin
see lõputu autode mürin
trügib üha lähemale
saab järjest varahommikusemaks
järjest hilisõhtusemaks
ja südapäeval käin juba ammu ringi
kõrvaklapid peas

vanaisa ehitas maja munakivitee äärde
aga nüüd möirgab siin
maantee

nägin unes et selle maantee asemel
voolab meie maja ees
lai jõgi
päris ehtne jõgi
pärlendav päikesekollane rahulik
kaldad pärlikarpe täis nagu
enne Katariina II aega

Our home is entirely
submerged in lilac bushes
so that from a distance only the gable shows
these old Estonian
gable-roofed market-town houses
are all so similar
in their hundreds of thousands
that you can't understand
why one should be held more dear than another
kitchen window always facing the street
copper flagstaff holder
blue-white house number
garden-gate letterbox doorbell
in summer mosquito netting in front of the airing windows
wellies in the hall
and gardening gloves
clouds racing over the lawn
whose worth can't
be measured in any way

only this rumbling
this endless rumbling of cars
presses ever closer
becomes constantly more early-morning
constantly more late-evening
and by day I've long been going round
wearing headphones

grandfather built this house beside a cobblestone road
But now what roars past
is a main road

I had a dream that in place of the main road
a river flows past our house
a wide river
a quite genuine river
sparkling yellow from the sun serene
its banks full of pearl mussels like
before Catherine II's time

korjasin emale peotäie
ilusaid valusaid jõepärleid
lasksime isaga õnged
köögiaknast otse jõkke
saime ahvenaid ja kammeljaid
köök sai magusat praelõhna täis

ema kael ja käeseljad helendasid
pärlite paistuses
sõime jõge vaadates kala
ja rüüpasime kalja peale
siin oma
viilkatuse ja sirelipõõsaste all

see unenäojõgi oma kalade ja pärlitega
ei lähe mul meelest

for mother I gathered a handful
of beautiful dazzling river pearls
father and I cast our fishing rods
from the kitchen window straight into the river
we caught perch and turbot
the kitchen filled with the sweet smell of frying

mother's neck and hands brightened
in the pearls' glow
we ate fish while looking at the river
and sipped kvass
here beneath
our own gable roof and lilac bushes

that dream with its fish and pearls
will not leave my mind

Mets ja linn
nende vahel kiirtee
jooksed üle klaasist silla
kord siia- kord sinnapoole

varahommikuti udu
külm udu soojade majade kohal
õhk alles noor
ripsmed pekslemas põskedel
kuldseid pilvi flöödimängija katuse kohal
kahhelahjudes tuhandeaastast tahma

kui magad tulevad metsalinnud õige lähedale
flöödid keeravad ennast rõngasse
teod roomavad kodadest välja
raamatud loevad üksteist
kodarrahad raputavad kette
tuul talutab tundeid kättpidi järele
su kuutõbine mees
kõnnib katuseid mööda
Igal hommikul ootad teda koju
sügavast silmavaatest on teile juba sündinud
kuraditosin lapsi
ööd on õnneks pikad
ja su enese päralt

Forest and town
between them a main road
you run over a bridge of glass
now this way now that

mist early mornings
cold mist over the warm houses
the air is young yet
eyelashes beating against cheeks
golden clouds over the flute player's roof
the soot of thousands of years in tile stoves

when you sleep the forest birds come quite close
flutes bend themselves into a ring
snails crawl out of their shells
books read each other
old silver pendants rattle chains
the wind leads feelings by the hand
your moonstruck husband
walks along the rooftops
every morning you wait for him to come home
from a deep look in the eyes you've already had
a devil's dozen children
fortunately the nights are long
and your very own

Juustes kaduva suve rohukõrsi
mahasadanud tähti
joonistad tammelehtede varje
käsutad pilvi
oled nii ilus
et keegi ei märka
oled nii tahetud
et jääd üksi
oled suits ohvrilõkke kohal
oled lootusistes kukk
jaani kiriku katusel

suve viimasel ööl
kuulan sinu üminat
ajajõe kaldal
selg vastu sügise ust

Blades of the fading summer's grass in your hair
and fallen stars
you draw the shadows of oak leaves
command the clouds
you are so beautiful
that no one notices
you are so desired
that you remain alone
you are the smoke above a sacrificial fire
you are the cockerel in lotus position
on the roof of St John's church

on the last evening of summer
I listen to your humming
on the banks of time's river
my back up against autumn's door

Sügis hakkas
haruta mu juuksed puujuurtest lahti
pane mu huultele oma hingav käsi
kisu umbrohi rinnust
istuta veel murtud südameid
mu süütusse mulda

tähed vähenevad taevast
kui jääme vanaks
kuu kahaneb päris kokku
ka kõige kangemate prillidega näeme vaid
üht iidvana
luukarva täppi
ehataevas

kaome
ja jääme veel viivuks virvendama
teineteise silmade
sügavasse kaevuvette

kaome
siit uriseva külmkapi
ja suriseva arvuti vahelisest ilmaruumist
sellest õhtust enne ööd
mis jääb alati liiga lühikeseks

Autumn has begun
untangle my hair from the tree roots
lay your breathing hand on my lips
pull out the weeds from my breast
plant yet more bleeding heart flowers
into my innocent soil

the stars dwindle in the sky
when we grow old
the moon wanes utterly
even with the strongest glasses we only see
an age-old
bone-coloured fleck
in the twilight sky

we disappear
and stay to shimmer for a moment yet
into the deep well water
of each other's eyes

we disappear
from this world between
growling fridge and whirring computer
from this evening before night
which is always far too fleeting

KADUNELJAPÄEVAÕHTUL

keeran teleka vaikseks
et see ei segaks lapse und
kallan teed
nõgestest ja mustikavartest
joon
aeglaselt
vulkaanipraguliste huultega
inimesed
sellel maakerakõrvitsal
meie elu
on ainult välgusähvatus
nii lühike
et tapab

aga ikka on veel natuke aega
punuda õunaseemneid
ja pihlakaid
patsidesse
tõsta teeklaas meie maaletooja
selle suure kõrvitsakasvataja
auks

meie
inimesed
üsna mõttetud tegelased
süldisööjad
ja superstaarivahtijad
jah
aga mida siis kartuli kõrvale võtta
mida siis vaadata
sellel kaduneljapäevaõhtul

midagi undab
midagi kogu aeg undab
külmkapp arvuti
mõni mõte
ja laul
kummitab

ON THE LAST THURSDAY EVENING
OF A WANING MOON

I turn the tv down
so it won't disturb the child's sleep
pour tea
of nettles and bilberry stems
I drink
slowly
through volcano-cracked lips
people
on this pumpkin of a planet
our life
is only a flash of lightning
so short
that it kills

but there's still a little time
to weave appleseeds
and rowan
into plaits
raise a teaglass
in honour of our trader
that great grower of pumpkins

we
people
utterly pointless characters
meat-in-aspic eaters
and superstar watchers
yes
but what are we to have with the potatoes then
what are we to watch
on this sad last Thursday evening of a waning moon

something is humming
something is humming all the time
fridge computer
some thought
and a song
is haunting me

KADUNELJAPÄEVAÕHTUL

ween a mään laavs a vuumen
hi gotta nõõu her diip insaaid
and ween ju faaind joorself laaing heelpliss
in her aaaaarms…

ja see *aaaaarms*
kõlab nagu arm
hetkeks
midagi tuttavat
midagi oma
selles kaduneljapäevas
selles riigis
kus üldiselt armastusest
ei räägita

pragunenud vulkaanihuultega
rüüpan teed oma aia nõgestest
aia
millele kiirtee
üha läheneb

kuhu me läheme
otsin Tallinna linnas viimast kasepuud
müün maha auto
selle meie rahva massimõrtsuka
ja hakkangi hobusega käima
klibadi-klobadi
üksildastel öötundidel
kadukuu tõrvikuna nelja päeva kohal
mis meie linnasid
teineteisest
lahutab

üksildastel öötundidel
pihlakamarjad ja
õunaseemned patsides
üks paljudest tuuletallajatest
üks miljardist üksikemast
üks
ainult üks imeväike osa
võimalikust endast

when a man loves a woman
he gotta know her deep inside
and when you find yourself lying helpless
in her aaaaarms...

and that *aaaaarms*
sounds like
the Estonian word for
love and charity
but also for a scar
just for a moment
something familiar
something of my own
on this last Thursday
of the waning moon
in this nation
where love is commonly
not spoken about

through cracked volcano-lips
I sip tea made from my garden's
nettles
from the garden
the main road
is coming ever closer to

where are we going
I'm looking for the last birch tree in Tallinn city
I'm going to sell my car
that mass-murderer of our people
and start going on horseback
clippety-cloppety
in the lonely night hours
the waning moon as a torch over the four days
that separate
our towns
from each other

in the lonely night hours
rowan berries and
appleseeds in my plaits

KADUNELJAPÄEVAÕHTUL

maadligi
leivakott ihuligi
külmkapp igijääs

kelle kartulikõrvased me
ikkagi oleme
kui kaua sa soojendad
kõrvitsaseemneid pihus
kevad on käes
pane need juba mulda

one of many with their heads in the clouds
one of a billion single mothers
one
only one wondrously small part
of my possible self

close to the ground
bread bag close to the body
fridge in perpetual ice

who after all will have us
with the potatoes
how long will you warm
the pumpkin seeds in your hand
spring is at hand
just put them into soil now

Lumi mäletab mu turja
puusi pahkluid
kandsin teda kaua endaga kaasas
siis ei osanud ma veel
kirjutadagi

tol ajal olid tähed viisakamad
ja soojemad
nad teretasid mind
kui läksin üksi
alasti oma lumega

tähed polnud siis veel hiigelpäikesed
kaugel avakosmoses
nad olid tillukesed sõbralikud
valgusetäpid
mis ilmusid õhtuti äkitselt
talvetaeva põhjatusse nõkku
vaatasid sisse mu imetlusest pärani
silmapõhjadesse
peegeldades mu lund
mu avali alastiolekut
mis oligi kaitse

The snow remembers my shoulders
my hips my ankles
I carried it with me a long time
I didn't even know how
to write yet then

the stars were more courteous then
and warmer
they greeted me
when I went alone
naked with my snow

the stars weren't giant suns yet then
in the distant expanse of the cosmos
they were tiny friendly
spots of light
that suddenly appeared in the evening
in the bottomless hollow of the winter sky
and looked into the bottom of my eyes
wide open in admiration
reflecting my snow
my open nakedness
that was my shield

Ootan sind seiklejat rännuhullu
keeran krepppaberist kollaseid roose
ümber vasktraadi
kütan kaminat
selle armutult külma
veebruaripäeva auks
tunnen su liigutusi
tasast tugevat tulemist
minu poole
minu maailma poole
läbi tuisu

oled ammu juba olemas
ometi olemata
oleme vaadanud teineteise silmadesse
vaid unes
su silmad mu sees
suu mu sees
südagi siinsamas
lähemal kui miski muu

I wait for you adventurer mad rover
I wind yellow crêpe paper roses
round copper wire
put wood on the fire
in honour of this pitilessly cold
February day
I feel your movements
your slow strong coming
towards me
towards my world
through the snowstorm

you're already there long since
and yet you aren't
we've looked into each other's eyes
only in dreams
your eyes inside me
your mouth inside me
your heart right here
closer than anything else

Enam ei anna ma sulle rinda
õunapuud on teist korda su elus õisi täis
uinutan sind magama meie aia
esimese ja ainsa antoonovka all
ja su lutipudelis loksub mahl
sellestsamast puust

mahl üle-eelmisest sügisest
kui olime alles üks
kui ma polnud veel päriselt ema
ja sina veel päriselt laps

tahan olla siin
sinu suur ja sitke
antoonovkalõhnaline ema
päriselt ema
kuigi enam ei anna ma sulle rinda
sulle
päriselt minu laps

I don't give you my breast any more
the apple trees are in blossom for the second time in your life
I lull you to sleep beneath our garden's
first and only Antonovka apple tree
and the juice sloshing around in your baby-bottle
is from that very same tree

juice from the autumn before last
when we were still one
when I wasn't really a mother yet
and you weren't really a child

here I want to be
your big sinewy
mother smelling of Antonovka
really your mother
even though I don't give you my breast anymore
you
really my child

Vaatad mulle otsa
nagu perule hobusele
tee ääres kollased ogalilled
kollased võililled
ja raps
minagi olen kollase ja musta segu

sinus on musta ja valget ja ussilakasinist
aga ei kübetki kollast

vaatad mulle otsa nagu perule hobusele
tõstad mu lõuga oma käega
sasid lakka
ja turja

minus on kollast ja musta
ja ronka ja päikest

kraaksatan ja kappan minema
sest ma ei tea
kas sa tead et see
kes taltsutab
vastutab

võiksin sind ju ka
turjale võtta
et tunneksid mu sitkust
mu ronka ja päikest
musta ja kollast
mu sametist märga märakarva
mu tugevat emandaturja
aga ma ei tea
kas ma tean
et see kes kannab
ka vastutab

sellepärast pagen
õhku ahmides

You look at me
as you would a skittish horse
at the side of the road yellow thorny flowers
yellow dandelions
and rape blossoms
even I am a mix of yellow and black

in you there is black and white and herb-Paris-blue
but not even a speck of yellow

you look at me as you would a skittish horse
you lift my chin with your hand
you tousle my mane
and withers

in me there is yellow and black
and raven and sun

I caw and gallop away
for I don't know
if you know that he
who tames
answers for it

I could take you
on my withers
and make you feel my fibre
my raven and sunlight
black and yellow
my wet velvet mare's fur
my strong woman's shoulders
but I don't know
if I know
that she who carries
answers for it

that's why I flee
huffing for air

VAATAD MULLE OTSA

õhtuhämaras
läbi maailma suurima laane
istun maailma
ilusaima vaatega künkale
vanade puude alla maha
ise ikka nii pigimust
nii tulikakollane

kas tundsid
kuidas ma sind vaatasin
su silmad olid kinni kinni kinni
kas mäletad magnooliaid
mõni õis oli nii suur
et oleksime sinna peaaegu ära mahtunud
õhk oli soolane
magus ja valus

mõõtsid mõõgaga mere sügavust
käega mu juuste pehmust
huultega unistusi
suvi läbi olin sind oodanud
paljajalu
hallil soojal
lävepakukivil
suvi läbi oodanud sind
koju

hea nii hea oleks jälle naerda
sest ma ei usu enam
et kes naerab
see nutab
hea nii hea oleks jälle nutta
sest ma usun veel
et kes nutab
see armastab

öö aus öö
kihutavate mootorrataste
ja rumalate rooside öö

YOU LOOK AT ME

in the evening dusk
through the world's greatest forest
I sit down
under the old trees on the hill
with the world's most beautiful view
myself still so pitch black
so buttercup yellow

did you feel
how I watched you
your eyes were closed closed closed
do you remember the magnolias
some blossoms were so big
that we would almost have fit
the air was salty
sweet and painful

you measured the depth of the sea with a sword
the softness of my hair with your hand
dreams with your lips
all summer long I had waited for you
barefoot
on a warm grey
stone on the threshold
all summer long I had waited for you
to come home

it would be good so good to laugh again
for I no longer believe
that whoever laughs
cries
it would be so good to cry again
for I still believe
that whoever cries
loves

night honest night
night of speeding motorbikes
and frivolous roses

VAATAD MULLE OTSA

me kihutame mööda
ja mul on kinni hoida millestki
mägisügavast
millestki orgkõrgest

öö aus öö

see on meie märg mõnus
võrgust välja libisev
soe
elu
jäämäe jalamil

we speed along
and I have something to hold on to
that is mountain-deep
valley-high

night honest night

this is our wet pleasant
warm
life
slipping out of the net
at the foot of the iceberg

Võpatan värisen
kui su mustad silmad peatuvad minul
kui kaua olen kandnud peas päikesekiirtest pärga
ei mäletagi enam
tuul õõtsutab enelaid
elupuid
pojenge
üks valge liblikas maandub veel valgemasse avali merikarpi
sulgen selle ja pidan südamesse
ta on see vaba ja valge minus kui varjud tihenevad
ja su mustad silmad peatuvad minul

I give a start I tremble
when your dark eyes come to rest upon me
how long have I worn a wreath of sunlight on my head
I don't even remember any more
the wind sways the meadowsweet
trees of life
peonies
a white butterfly lands on an open even whiter seashell
I close it and hide it in my heart
it is the free and the white within me when shadows gather
and your dark eyes come to rest upon me

VASTAMATA ARMASTUSED

1.

vastamata armastused
uitavad mööda linna
nad ujuvad jõge mööda vastuvoolu
nagu viidikad parves
nad kõnnivad tilkudes ja tikk-kontsades mööda
Gildi ja Küütri tänavat
nad istuvad Jaani kiriku juures pingil ja ootavad
veelkalvel igatsevate silmadega
passivad nad sind
üleni sirelisinised ja kurvad

sa tuled ajad käed laiali
ja nad sajavad sulle sülle
aga üks eriti kiire vastamata armastus
aeleb end sulle südamesse
ta muutub suveks
ta juuksed on peaaegu rohukarva
ta nahk on kõige siledam ja siidisem tee
ta sosinad pesevad sind nagu vihm
ta pilgud raksatavad sinusse nagu pikne

UNREQUITED LOVES

1.

unrequited loves drift through the city
they swim along the river upstream
like shoals of fish
they walk dripping by on stiletto heels
along Gildi and Küütri Street
they sit on a bench by St John's and wait
with brimming eyes full of yearning
lilac blue and sad all over
they gape at you

you come and spread out your hands
and they rain into your lap
but one particularly quick unrequited love
insinuates herself into your heart
she becomes summer
her hair is almost the colour of grass
her skin is the smoothest and silkiest road
her whisperings wash you like the rain
her glances crash into you like lightning

2.

ma olen vastamata armastustest kõige raskem juhus
olen üheaaegselt sogane ja pilliroopuhas
olen ainus rõngastamata lind oma liigist
mu ihu lõhnab lodjatõrva järele
mu süda on suur jõekarp
aeglaselt ja piinarikkalt
kasvab selles pärl

ilmatu suur kevadlõkkelõhane linn
ilmatu suur meri mida ma kunagi pole näinud
ilmatu palju papliõisi mu õlakallastel
ilmatu palju vastamata armastusi
lendleb ja otsib
ma olen neist kõige raskem juhus
ma ei lendle ma rooman
ma ei otsi ma janunen
olen sogane rõngastamata ja pilliroopuhas
mu ihu kõrvetab nagu keskpäevane liiv
lõhnan tõrva ja rammestuse järele
mu süda on suur jõekarp
aeglaselt ja piinarikkalt
kasvab selles pärl

2.

of all unrequited loves I am the hardest case
I am at once muddy and pure as reed
I am the only unringed bird of my kind
my body smells of river barge tar
my heart is a big river mussel
slowly and painfully
a pearl is growing in it

vast city smelling of spring fires
vast sea that I have never seen
vast numbers of poplar blossoms on the shores of my shoulders
vast numbers of unrequited loves
flitting and seeking
I am the hardest case of them all
I don't flit I crawl
I don't seek I thirst
I am muddy unringed and pure as reed
my body scorches like midday sand
I smell of tar and sweet sleep
my heart is a big river mussel
slowly and painfully
a pearl is growing in it

Võtan pruudikleidi seljast
esimest ja viimast korda

öö sõrmil seljal
vihm visklemas
vastu rõduäärt
pargis huikamas tiirased paabulinnukuked

        kuaaak-kuaaak

saan trukid valla
libistan luku lahti
juba langeb siid
üle mu piha kõhu ja jalge
kukub kahinal põrandale maha
jälle huikavad linnud
jälle kisavad kuked

        kuaaak-kuaaak

avan õhuakna tuleakna ja veeakna
katuseakna ja keldriakna
välisukse ja siseukse
ja libisen uude kirevasulelisse rüüsse
löön saba valla
ja kogun endasse kogu selle öö kire
leina ja vihma

ei saa minust punast
ühemõõtmelist pruuti
selles paganlikus öös
jään vaatamata valgele kleidile
kombele ja seadusele
suleliste inimlaste ilmalekandjaks

I take off my bridal dress
for the first and last time

night in my fingers on my back
rain thrashing
against the balcony
in the park lustful peacocks calling

        quaaack-quaaack

I get the snaps undone
and slide the zip down
and already the silk slips down
over my waist stomach and legs
falls rustling onto the floor
again the birds call
again the cocks cry

        quaaack-quaaack

I open the airing window fire window and water window
roof window and cellar window
outside door and inside door
and slip into new many-coloured feathered raiment
unfurl my tail
and gather into myself all of this night's passion
sorrow and rain

I will never become a blushing
one-dimensional bride
on this pagan night
I remain regardless
of the white dress
custom and law
the bearer of feathered hominids into the world

Kaks valget liblikat
keerutavad ja
põrkavad kokku
kaks kalakajakat hõljuvad lähemale
ega saa ega saa
teineteisest mööda

kasvatan viinapitsis roniroosi
teetassis õunapuud

linn jääb äkki täiesti vait

su kuld mu hõbe
su ihu mu hirm
sööme ööd
joome jõge

meie maa on täis julma õrna
raba
suurt süüdimatut sood
põlvest põlve patuga läbisegatud õnne
me ei saa kuidagi ilma
üksteise
kaksteise
kolmteiseta

noorus läheb mööda
sinised varjud jäävad õhtu tulekul
hiilima põõsaaluseid pidi
päike jääb varahommikul
roomama mööda riiuliäärt

jäävad sinised pilved
lumivalges taevas
süsimust kuu
võõrasemakollases öös
kaks talvevalget liblikat
kes keerutavad keerutavad
ja põrkavad kokku

Two white butterflies
twirl around and
collide
two gulls soar ever closer
but they can't and they can't
get past each other

I grow climbing roses in a shot glass
apple trees in a tea cup

the town suddenly falls completely silent

your gold my silver
your body my fear
we eat the night
we drink the river

our land is full of brutal tender fens
vast inculpable marsh
happiness mixed through with sin
from generation to generation
we somehow can't do without
one another
two another
three another

youth passes
blue shadows remain at the coming of evening
to creep along beneath the bushes
the sun remains early in the morning
to crawl along the edge of the shelf

blue clouds remain
in the snow-white sky
the coal-black moon
in the dandelion-yellow night
and two winter-white butterflies
that twirl around and collide

HING JÄÄB KORRAKS KINNI

1.

jumala vaim hõljub vete kohal
superstar künnab läbi Soome lahe
nagu plekkhiiglane

tihe udu
selged signaalid
hoomamatu sügavus

selle kalakajaka kõrval
tundume nii mustad
selle selgineva hommiku sees
oleme uneudused
pikali teineteise tiivasulgedesse niidetud

sinu selged signaalid
minu imelik udu
nahk naha
armastus ahastuse vastu

MY BREATH CATCHES FOR A MOMENT

1.

the spirit of God moves upon the face of the waters
the Superstar ferry ploughs through the Finnish Gulf
like a tin giant

dense fog
clear signals
unimagined depth

beside this seagull
we seem so black
In this brightening morning
we are foggy with sleep
felled into the feathers of each others wings

your clear signals
my strange fog
skin against skin
love against anguish

2.

sind igatsedes
hing jääb korraks kinni

päev kustub nagu tikutuli

olen su ümber nagu öine meri
oled hiigelhoovus mu sees
mis toob tundmatuid ulmi
liigutab mu
lugematuid veepiisku
paljusid haruldasi paiku

veel pole mul jõudu kanda kivirasket tutvusekoormat
mu meri uputab kõik tuttavad laevad

olen sama ohtlik nagu sina
olen kõige ohutum
kui ei tea
mis saab

jää jää
ära veel jäätu
käime hilise mardikuuni teineteises suplemas

kibekülmas
kohtuvad meie suud
üle aurava vee
üle jäätuva lageda

2.

yearning for you
my breath catches for a moment

this day goes out like a match flame

I surround you like the nighttime sea
you are a vast current within me
that brings unknown visions
moves my
countless drops of water
and many rare places

I still have no strength to carry the burden of familiarity
my sea sinks all familiar ships

I am just as dangerous as you are
I am most undangerous
when I don't know
what will happen

stay stay
don't ice over yet
let us go swimming in each other till the end of November

in the bitter cold
our lips meet
over the steaming water
over the expanse icing over

SUURIM NEIST KOLMEST

1.

hommikul surusid sa baltisakslased koos kõigi mu Kuldiga esivanematega
oma vammuse põhjatusse põuetaskusse
nad kadusid sinna kolinal kõigi oma mõisate tõllakuuride kubjaste ja
lauahõbedaga tükkis
kogu öö nõtkusid nad sinu südametuksete järgi
päris rappusid
kui sa oma käed
mu juuste linapõldu kaevasid
ja siis hoidsid
nii et miski paigal ei püsinud

juuksed kasvasid selle ööga peaaegu et varvasteni välja
milline saak
ütlesid
ja tõid sirbi

THE GREATEST OF THESE

1.

in the morning you pressed the Baltic Germans along with all
my Kuldiga forebears into your jacket's bottomless breast pocket
they disappeared into it clattering along with all their manors coach houses
overseers and table silver
all night long they bent to your heart beating
were truly jolted
when you dug your hands
into the flaxen fields of my hair
and then held on
so that nothing stayed in its place

with that night my hair grew almost down to my toes
what a harvest
you said
and brought the sickle

2.

minu süda tagus nagu vasar
väga kuuma ja väga punast sularauda
ja sina uurisid parajasti mu kurvilist DNAd

siis ei teadnud sa veel
et võtan sind nagu tulirelva
kui ainsat eluvõimalust
selles maailmasõjas
kus vastasleeriks
on armastusepuudus
ja meie poolel on usk lootus ja armastus
aga suurim neist kolmest on
sõprus

2.

my heart beat like a hammer
against very hot and very red molten iron
and you were just then examining my curved DNA

you didn't know yet then
that I take you like a firearm
as the only chance of life
in this world war
where the opposite camp
is the absence of love
and on our side there is faith hope and love
but the greatest of these is
friendship

Kaldapääsukesed merekivimustad
röövkajakad rannavahuvalged
kiljute sadama kohal
sööstate üle kirikute
tiirlete kohal linnamüüri
murdlainete ja minu
linnud linnalinnud
mida te pajatate Tallinnast

räägite ju
kuidas siin hädakelli löödi
kuidas emad lastega jooksid
kui kõikjal olid müürid ees
ja Vene pommilennukid tulid ja tulid
ida poolt peale
kui kõik põles karjus ja varises
pragunes ja lõhkes

kuulen praegu veel nuttu
selle kivise keskaegse kaunitari
iidvana linna
leinakleitide kahinat
tunnen tuult
vaigistavat pehmet olevikutuult
mis lennutab sulgi ja liiva

Sand martins sea-stone black
gulls sea-foam white
you screech over the harbour
sweep over the churches
circle over the city walls
the breaking waves and me
birds city birds
what tales do you tell of Tallinn

you tell of
how the the alarm bells were rung
how mothers ran with their children
when everywhere walls were in the way
and the Russian bombers kept coming and coming
from the east
when it was all burning screaming and crumbling
cracking and bursting

even now I hear the weeping
this stony medieval beauty's
this age-old city's
black dresses rustling
I feel the wind
the soothing soft wind of the present
that makes feathers and sand fly

Enne minekut pakime kokku
oma õitesevad õunapuud
oma Läänemaa aasad
oma vanad väravakastanid
pakime kokku oma
ürglaaned
naabrid koos koerakuudiga
ja talliga
kus parajasti magab paar muretut
mära ja täkku
pakime veel metsa
seda läheb vaja
vesiveski varemed
muidugi
kiirteed ei paki
kõik läheb isegi kiiresti mööda

suusarajad võtame ja paadisilla
need õhtud sirelilillad
ja viiulite kõrged kriipivad viisid
tuulevaikse kuuvalge vee
ainsa milles peegeldume nii selgelt
ritsikad võtame
ja virmalised
enne kevadist pööripäeva
koorime lompidelt jääkirme
selle ka

istume natuke enne minekut
kogu varandus kaasas
tulevate suvede lumi ja
loomata laulud

Before going we pack up
our blossoming apple trees
our West Estonian meadows
our old chestnut trees guarding the gate
we pack up our
primeval woodlands
our neighbours with their doghouse
and stable
where a couple of untroubled mares and stallions
are sleeping
we pack the forest as well
we'll be needing it
the ruins of the watermill
of course
we don't pack the fast road
everything passes by fast enough as it is

we take the ski trails and boat landing
those evenings the colour of lilacs
and high scraping fiddle tunes
windstill moonlit water
the only thing we are reflected in so clearly
we take the crickets
and the northern lights
before the spring equinox
we peel the film of ice from the puddles
that too

we sit a little before going
all our belongings with us
the snow of summers to come and
unwritten songs

Kuidas seletada sulle oma keelt
nüüdsama
kuuvalgel
allika kaldal

istun sinu
ilusa indoeuroopa mehega
suurel sammaldunud soomeugri kivil
ajan sinuga poolpaljast
ööhaljast juttu

tahan väga sulle öelda
kuidas lõhnavad minu keeles männid
ja võhumõõgad
kuidas minu keeles vesi üle raudkivide vuliseb
ja kuidas ritsikad võtavad oma viiulitest viimast

selle asemel vaikime
kinnisilmi
ja paotame vahetevahel suud
mõneks poolpaljaks ööhaljaks sõnaks
ei kummagi keeles

How to explain my language to you
here and now
by moonlight
beside the spring

I'm sitting with you
handsome Indo-European man
on a big mossy Finno-Ugric stone
the talk half-naked
night-bright between us

I so want to tell you
how pine trees smell in my language
and irises
how water babbles in my language over granite stones
and how crickets get the very last out of their fiddles

instead we are silent
eyes closed
and we open our mouths just a bit now and then
for some half-naked night-bright words
in a language neither yours nor mine

Meie mõis oli vahepeal
täiesti toomingatesse kasvanud
jõudsime tagasi maikuus
kaheksa talve polnud keegi piiranud
lopsakaid põõsaid
kütnud ahje
keerutanud tantsu ja tolmu
siin tohutute tubade labürindis

murdsime end okste ja õite vahelt
häärberisse sisse
pääsukesed olid
meie magamistoa
baldahiinpostile pesa teinud
kaheksa sügise lehed
katsid verandade treppe

oleme ikka veel peaaegu noored
ikka veel peaaegu õnnelikud
olen ikka veel peajagu sinust lühem

sa laod hiigelahjud kasehalge täis
ma korjan vaasidesse iiriseid alt
jõe äärest

tule lahisedes
jõeiiriste lõhnas
võtad mul juustest kinni
ja sinu silmad vaatavad mind jälle
nagu esimest korda

Our manor had meanwhile
become overgrown with bird cherry trees
we arrived back in the month of May
for eight winters no one had restrained
the rampant bushes
heated the ovens
made a whirl of
dancing or dust
here in this labyrinth of enormous rooms

we broke our way through branches and blossoms
into the house
swallows had
made a nest
on the canopy in the bedroom
the leaves of eight autumns
covered the veranda steps

we were still almost young
still almost happy
I was still almost a head shorter than you

you fill the huge ovens with birch logs
I gather irises for the vases
from down below at the riverside

in the rush of the fire
in the scent of the river irises
you take hold of my hair
and your eyes look at me again
like the very first time

Pilk metsalatvadel
kuulan kuidas tuul liigutab plastikpudelit
mööda liiva
pääsukesed veel siin
lumetormid kaugel
mina siin ja sina juba teel

õhtu on käes
meri tõmbub mõõnaga kokku
minu neoonkõrvarõngad
on jälle kaks kilomeetrit pikemaks kasvanud
kas näed neid juba?

öösiti rooman nagu jõgi läbi linna
kogun endasse läti hitte ja
vene armastuslaulude auru
kohalikele mersumeestele vaatan
möödudes niimoodi silma
et järgmise kevadeni vaevab neid
nimetu igatsus

raamatukogu rõdu all murul
peavad kaks võõramaa luuletajat
minu pärast noavõitlust
sina teed Hiiumaal laulvat revolutsiooni
ja sajad viigri- ja viikinginaised
vaatavad sind
hiirvaikselt
siin väriseb öötaevas parajasti saluutidest
mu seelikuäär pühib
tänavalt selle kuuma kustuva päeva jäljed
hing hingab
ja süda hüppab

meenud siis
kui olen eriti kerge ja muretu
pikne ei saa meid kätte
vett on veel
ja noavõitlus läheb üle peoks
lauluväljakute hülgenaised

Gazing at the forest canopy
I hear how the wind moves a plastic bottle
along the sand
swallows are still here
snowstorms far away
I am here and you are on the way
evening is at hand

the sea shrinks with the ebbing tide
my neon earrings
have again grown two kilometres longer
can you see them yet?

at night I meander through town like a river
I gather into myself the steam of Latvian hits
and Russian love songs
in passing I look the local men with Mercedes
in the eye in such a way
that they will be afflicted till next spring
with a nameless longing

on the grass beneath the library balcony
two foreign poets duel
over me with knives
you make a singing revolution on Hiiumaa island
and hundreds of ringed seal and Viking women
watch you
in mouse-like silence
here the night sky is just now trembling with fireworks
the hem of my skirt wipes away
the tracks of this scorching day now dying down
my soul breathes
and my heart leaps

you come to mind
when I am especially light and untroubled
lightning can't catch us
there is water yet
and the duel with knives turns into festivities
the seal women at the concert grounds

väänlevad merre
ka ilma sinuta

silmapiir puulatvade kohal
on tuuline kindluseta
ühtki tähte veel pole

sinuta on tantsud kuidagi
tasased
traditsioonid raamis
sinuga on vaba
pimedaski
kui kõrvarõngad on igatsusest
aastatepikkuseks kasvanud
kui nahkhiired tiirutavad läbi heinalõhnase öö
ja ritsikad ei maga

wriggle back into the sea
without you too

the boundaries of sight above the treetops
are windy unsure
there isn't a single star yet

without you dances are somehow
quiet
traditions in a frame
with you it is free
even in the dark
when earrings have grown
as long as the years with longing
when bats wheel through the hay-scented night
and crickets do not sleep

Kolletav ja kurguni kinni nööbitud
sügis
seisab seljaga vastu
alasti puud

sulen silmad
lummus ei tule enam niisama kergesti peale
neid vanu kohvikuid
kus oli nii kerge olla
ei ole enam
jalgratas on kuidagi eblakas
ja noormehi mutrivõtmetega pole parasjagu kuskilt võtta

miks mina siis ära ei lähe
kui juba jälle on käes lumetuleku
vete külmumise
ja kõigi nende mineku aeg
kes oskasid laulda

mul on jälle üks armastus käsil ja varahommikuti kahtlen
kas ta on mind väärt

hilisõhtuti kahtlen kas olen teda väärt
kui niimoodi kahtlen

ju vist olen alla keskmise halb sõber

meilid settivad kaua ja mõni läheb hapuks
head mõtted süttivad
tihti alles siis kui on hilja
nagu praegu

kuhu jäi seekord sünge sügis
plaks - ja pargipingid suvitajatest tühjad
plaks - ja plaaž inimtühi
siis juba tõukekelgutasime
veeretasime end merejääd mööda edasi-tagasi
ühelt mandrilt teisele
sinu kodust minu koju

kaeva kevad
oma sõnadega
mu rindade alt välja

Yellowing and buttoned up to the throat
autumn
stands with its back against
a naked tree

I close my eyes
the enchantment doesn't come upon me so easily anymore
those old cafés
where it was so easy to be
don't exist anymore
the bicycle is somehow flighty
and young men with spanners are just nowhere to be found

why don't I leave then
if the time is at hand yet again for snow coming
water freezing
and the departure of all those
who knew how to sing

I have a love at hand again and early mornings I doubt
whether he's worthy of me

late evenings I doubt whether I'm worthy of him
if I doubt in this way

I must be a worse than average bad friend

emails settle for a long time and some go sour
good ideas often ignite
only when it's too late
like now

where did dreary autumn go this time
clap – the park benches empty of holidaymakers
clap – the beach deserted
then we were already push-sledging
we rolled back and forth along the sea ice
from one mainland to the other
from your home to mine

dig spring out
with your words
from under my breasts

ESIMESTE LUMEHELVESTE KOLMAPÄEV

1.

mu sõrmed silmitsesid ja lugesid sind
terve öö
lugesid õrnalt ja kasvava huviga

isegi mu õed rongad tulid
uudishimulikult su katusele sööma

Madonna laulis köögis
otsekui suhkrust häälega
sina sulgesid
mu silmad
mu suu ja kõrvad
ja me jooksime armunult
läbi ostmisest hingeldava
sadamalinna

ühes rongis tegin silmad lahti
aknatagused olid täis telliskiviseina
sinu sõrmed nuusutasid mu
hõõguvaid õlgu

kui avasid
oma ühe sooja
silma
oli esimeste lumehelveste kolmapäev
ja mu õed rongad
põlvitasid su ette

THE WEDNESDAY OF THE FIRST SNOWFLAKES

1.

my fingers eyed you and read you
all night
read you tenderly and with growing interest

even my sisters the ravens came
with curiosity to eat on your roof

Madonna sang in the kitchen
in a voice just like sugar
you closed
my eyes
my mouth and ears
and we ran in love
through the harbour city
that was breathless
from buying

in a train I opened my eyes
outside the window it was full of brick wall
your fingers sniffed
my glowing shoulders

when you opened
one of your warm
eyes
it was the Wednesday of the first snowflakes
and my sisters the ravens
knelt before you

2.

mina olin äkki flamingoks muutunud
seisin ühe
tulbipunase jala peal
avariiväljapääsu juures
ja saatsin sulle oma tulevikku vaatava
silmaga
ühe proosalise
SMSi

lõunaks oli jälle
see meekarva soolane roog
ja ma tahtsin veel ja veel
vett seda filmi ja linna

pitsist noorkuuvanaema
vaatas ainiti meie peale alla
hämarduva mere kohal
tärgeldatud tähtede all

2.

I had suddenly become a flamingo
I stood on one
tulip-red leg
at the emergency exit
and with my eye looking into
the future
sent you a prosaic
SMS

for lunch we again had
that honey-coloured savoury dish
and more and more I wanted
water this film and this city

a lace new moon grandmother
looked down intently upon us
over the darkening sea
beneath the stars starched in the sky

Olen puu
punane juba ammu enne sügist
ammu enne öö hakku
laotus pimedus
nagu soe sünk tekk
üle mu janu

kui kõik tänavad on siniseid tormipilvi täis
läheme välja
mina punane puu
sina
unistaja taevateadlane
viimane rohutirtsuviiul
viimaste suvelindude hüvastijätupiiksatused
uinuval uulitsal

on tihe udu
on nukrus unustatud linna kohal
ja minu punane lehesadu
mida keegi ei suuda peatada

I am a tree
red already long before autumn
long before nightfall
darkness spread
like a warm dank blanket
over my thirst

when all the streets are full of blue storm clouds
we go out
I a red tree
you
a dreamer
scholar of the skies
the last cricket's fiddle
the chirruping farewells of the last summer birds
on the sleeping street

there is thick fog
there is melancholy over the forgotten town
and my red rain of leaves
that no one is able to stop

Lõkke ääres
kõik liigub lõhnab ja sumiseb
ja kui sirutan varbad välja
algab mets
nagu tumeroheline tekk
laotub see üle maa
ja jõuab
sinuni ka
ja sinu üle
ja seesama tuli
jõuab sinuni ka
ja seesama juuni
ja jaan

oled seal kusagil
sõnajalaõitest kroon peas
saapad ja süda porised
habe aetud
mobiil läikiv ja puhas
ning naiste telefoninumbreid täis
silmades seesama suvi
seesama juuni ja jaan

meheks täiesti sobimatu
aga täiuslik paan

Around the fire
everything smells moves and hums
and when I stretch my toes out
the forest begins
like a dark green blanket
it spreads out over the land
and reaches
you as well
and over you
and the very same fire
reaches you too
and the very same June
and St John's

you are there somewhere
a crown of fern blossoms on your head
boots and heart muddy
beard shaved
mobile shining and clean
and full of women's phone numbers
the same summer in your eyes
the same June and St John's

totally unsuitable for being a man
but completely Pan

Kuidas me ka ei püüdnud
varjud puutusid ikkagi kokku
pabervalged luiki lendas üle majaka
seisime ja vaatasime
kuidas valgus kaob

keegi ei näe siin
kui kõnnime käsikäes
on ainult meri ja
lagedad kaldad
on kontvalge kuu
veritumedas taevas

ja minevik mis on lukust lahti
ja muudkui voolab
üle kalli sooja olevikusuudluse

However we tried
the shadows still touched
paper-white swans flew over the lighthouse
we stood and watched
how the light faded

here no one can see
when we walk hand in hand
there is only the sea and
the empty shore
there is a bone-white moon
in the blood-dark sky

and the past that has been unlocked
and keeps on flowing
over the dear warm kiss of the present

Kuldnokad räuskavad täna akna all
hullult tuulisel hommikul
päikesest tuikudes
astun õue
polariseeritud päikeseprillide alt
näen ainult
inimeste varje

sirelipungad juba lillakad
piiritajad kohal
kohutava kiirusega tiirlevad nad
korstende vahel
naised panevad kingad jalga
mehed muutuvad ebaviisakaks ja ilusaks
ja sinakasvalge lume alt ilmub aedadesse
eebenipuumust muld

siis
alles siis
võin aeglaselt
hingata sisse

Starlings clamour under the window today
on this madly windy morning
throbbing from the sun
I step outside
from behind polarised sunglasses
I only see
people's shadows

lilac buds already purplish
the swifts have arrived
with frightening speed they wheel
between the chimneys
women put their shoes on
men become ill-mannered and beautiful
and from under the bluish-white snow
ebony-black soil appears in the gardens

then
only then
can I slowly
breathe in

Unenäosõrmused libisevad sildadelt alla
naine püüab võrguga vabadust
võrguga püüab vabadust
naine paadis

mis kõik annaks ta ära
vabaduse eest

Dream finger-rings slide down from the bridges
a woman catches freedom in a net
in a net she catches freedom
the woman in a boat

what wouldn't she give away
for freedom

Jõemündi õied
vihmale vastu
suurele vihmale vastu nii palju õrnust
aike on
kõmiseb maa
kas minultki langes üks leht
paadisillale?

Water mint blossoms
against the rain
against heavy rain so much delicacy
there's thunder
the land rumbles
has a petal fallen from me as well
onto the pier?

Tulista teeda mööda
kullasta kõrta mööda
tuleb headus
tagasi mu südamesse
põimid käed minu küljest lahti
paned paadi põhja hülgenahku
soojateetermose
nii läheme
hoovuste äärel
ilmamere südames

sina saunatasid eile koos saareneidudega
sõitsid kastiautos mereranda mööda
hõlmad said soolaseks
mina sain kodus kurjaks

isegi kaht tundi vabadust ei raatsi ma sulle anda
isegi ühtainust ujumist
ilma minuta
kuuvalgusevöödis

raskemast raskem
on lubada vabadusekergust
kõige armsamale

aga nüüd on see eilseks saanud
nüüd läheme koos
hoovuste äärel
ilmamere südames

Down along the fiery road
down along the golden grass
goodness comes
back into my heart
you unwind your arms from around me
put sealskins in the bottom of the boat
and a thermos flask of hot tea
and so we go
at the edge of the currents
in the heart of the world sea

yesterday you took a sauna together with the island girls
drove a pickup along the seashore
your jacket flaps grew salty
at home I became angry

I can't even find it in my heart to give you two hours of freedom
not even a single swim
in a band of moonlight
without me

it's harder than hard
to grant the lightness of freedom
to one's beloved

but now that has become yesterday
now we go together
at the edge of the currents
in the heart of the world sea

Kaldalejõudmise külmavärinais
põhjamudapalavikus

jõehaige

haugisoomuste sonija
sügaval uimede unes
lõpustepadrikus

nõgespeenikese pihaga
südamelukkude murdja
hingedes hiilija
meduusijuuksed januses tuules
silmades värske sööt
jalad võrguna voogamas
käevarred nagu pikad õngeridvad
sügaval uimede unes
lõpustepadrikus

jõehaige münditüdruk

Shivering with the cold of reaching the riverbank
in a fever of river bottom mud

river-sick

pike scales raver
deep in the sleep of fins
in a thicket of gills

breaker of the heart's locks
with a waist as thin as nettle
a slinker in souls
medusa tresses in the thirsty wind
fresh bait in her eyes
legs undulating like a net
arms like long fishing rods
deep in the sleep of fins
in a thicket of gills

river-sick mint girl

Su silm õitseb
öösel jõe ääres
iiriste ja võhumõõkadega koos
su silm kiirgab
mu hallile varsale krooni pähe
Su silm sätib
täkud ritta
ja meelitab märad
kõrgesse märga rohtu
su silm rändab mu unes
kurgunibuga
põlveõndlaga
tunnen ta pikka pilku
ja kogu öö saab täis
puhast
pelglikku
leeki

Your eye blossoms
by night at the riverside
together with irises of all colours
your eye shines
a crown onto the head of my grey foal
your eye puts
the stallions in a row
and entices the mares
into the high wet grass
your eye wanders in my dreams
with the back of my throat
with the hollow of my knee
I feel its long gaze
and the whole night is filled
with a pure
reticent
fire

Istuda maiöisel verandal
kirsipuu all
ja vaadata
kelle must täring
veeretab suurema numbri langenud õielehtedel

püüda tuult
püüdagi tuul kinni
vaikselt hoida teda
värisevas pihus
avada sõrmed et vaadata
läinud ta ongi

hingata sisse seda hetke
elada tõsiselt
muretsemata
rõõmsalt
avamata lauluks suud

To sit on a May night veranda
under a cherry tree
and watch
whose black dice
will roll a higher number on the fallen petals

to catch the wind
to catch hold of the wind
to hold it
in my trembling hand
to open my fingers and look
and it's gone

to breathe this moment in
to live seriously
without worrying
joyfully
without opening my mouth in song

Tuulte sündimise linnas
peatun igal tänavanurgal
toetan selja
vastu uut õhuhoogu
mis on tugevam kui sein
tugevam kui sina

tuulte sündimise linnas
lõpevad jõed
pesen endalt tahma
külmumiseelsel kaldal
jätan esimesse lumme oma kuumad
peagi sulavad jäljed
annan kõik andeks

tuulte sündimise linnas
kolistavad aknaplekkidel
sarvilised linnud
täna vaatan ja usun
homme kõhklen ja kahtlen

õhtu juba laskub
järjest tähtsamaks saab
sõprus

In the town where the winds are born
I stop at every street corner
lean my back
against a new rush of air
that is stronger than a wall
stronger than you

in the town where the winds are born
rivers end
I wash the soot off myself
at the water's edge before it freezes
I leave my hot soon to be melting footprints
in the first snow
I forgive everything

in the town where the winds are born
horned birds
clatter about on the metal window ledges
today I look and believe
tomorrow I'll dither and doubt

evening is already descending
friendship
becomes ever more vital

Kas mäletad seda installatsiooni
kõige hallimal ajal
mis jääb simuna- ja kadripäeva vahele
lasime vabrikus valmistada
just nii palju pealuid
kui on hukkunuid maanteel

kandsime need mõlemale poole
kiirtee äärde
viis
viissada
tuhat nelisada kuus
kaheksa tuhat kakskümmend kaks
kui hämardus
süütasime küünlad
igas kolbas
suures ja tillukeses
siis tuli põtrade
kährikute kitsede ja rebaste kord

pealuude rivi jäi ääristama teed
meie aega
mis armu ei heida

kallis
kas nägid ka seda
hallutinatsiooni

Do you remember that installation
at the very greyest time
between St Simon's and St Catherine's Day
we had just as many skulls
made in a factory
as the number of dead on the roads

we carried them to both sides
of the main road
five
five hundred
a thousand four hundred and six
eight thousand and twenty two
when it grew dark
we lit a candle
in every skull
big and small
then it was the turn of the elk
raccoon dogs deer and foxes

the row of skulls went on lining the road
and our time
that sheds no mercy

my dearest
did you have that
hallucination too

Mööda maad käib täna reede õhtu
see kolmeteistkümnes
mis ilmjaama andmetel
toob endaga tormi
padu ja raju
naerame millegipärast
otsustame ikkagi koju jääda
kodu
keda see kaitseb
vahest kodutuid
neid kes on piisavalt vabad
et unistada vanglast
neid kelle kontidesse
on pugenud kosmosekülm
ei kaitse kodugi

nad kaovad
pimedusemerre
nagu galaktikad
nagu hulkuvad kassid pärast
üheksat elu
kaovad
kaovad lõpuks needki kes naeravad
ja otsustavad ikkagi koju jääda
kui mööda maad käib reede õhtu
see kolmeteistkümnes

Friday evening moves through the land
the thirteenth
which according to the weather station
will bring with it storm
mire and tempest
for some reason we laugh
and still decide to stay at home
home
who does it protect
perhaps the homeless
those who are sufficiently free
to dream of prison
not even home can protect
those into whose bones
the cold of the cosmos has crept

they disappear
into the sea of darkness
like galaxies
like roving cats after
their ninth life
they disappear
even they finally disappear who laugh
and still decide to stay at home
when Friday evening moves through the land
the thirteenth

Inimesel olevat verd
viie liitri jagu
kui ühe kaotab
muutub pabervalgeks
väga kehv on olla

kui teise kaotab
langeb minestusse
teadvus lülitab enda välja
külm hakkab
kohutavalt külm

aga kui niriseb välja veel veidi
paar peotäit
teeklaasike
siis enam ei saagi
ärgata
pumbata seda punast

mitu liitrit lootust olen kaotanud
külm on hakanud
üsna külm
ja hommikul ärgates
olen näost päris pabervalge
või on see talvehommik
mis peegeldub vastu
mu viit verevat
eluliitrit

People are said to have
a five litre share of blood
if you lose one
you turn white as paper
you don't feel well at all

if you lose another
you fall into a faint
consciousness switches off
you begin to feel cold
terribly cold

but if a bit more trickles out
a few handfuls
just a teaglass full
then you can't ever
wake up
and pump that redness

how many litres of hope have I lost
I've begun to feel cold
quite cold
and waking up in the morning
my face is white as paper
or is that just the winter morning
reflecting against
my five blood-red
litres of life

KOLM HOMMIKUMAA KUNINGANNAT

kui lumehanged varjutavad päikest
ja tuisk matab iga värske jälje
tundud sama kaugel
kui Petlemm
sinu kohal on
senitundmatu täht
mu kolm hommikumaa kuningannat
tulevad su poole

> nad on teel terve igaviku
> läbi saju
> pilkaste ööde
> ja valgustamata tänavanurkade
> nad pole kunagi näinud nii palju lund
> parkides püherdavad jääkarud
> purskkaevudes elutsevad morsad
> mitu nädalat on siin ainus kuum teema rahavahetus
> see on uus nagu usk
> veel pole õpitud seda korrutama ja jagama
> kerjused ja moosekandid
> hoiavad siit kaugele eemale
> nemad armastavad sooja
> nad armastavad lumehangetuid tänavaääri
> mida möödujate jaoks hingestada
> nad armastavad raha
> mida on harjutud ära viskama

mu kolm hommikumaa kuningannat
hääletavad end lumesaha peale
juht on purjus
ja tal on palju teha
ta murrab ennast raevukalt hangedesse
ta rebib suuri jääkamakaid kodutreppide küljest lahti
rajab teid kaugetesse taludesse
teispool järve
mis on aegade algusest peale jootnud su Petlemma
viimaks peab ta puhuma
ja ta viiakse ära
mu kuningannad

THREE QUEENS OF ORIENT

when drifting snow eclipses the sun
and buries every footprint
you seem as far away
as Bethlehem
above you there is
an unknown star
my three queens of orient
come towards you

    they have been on their way for an eternity
    through heavy downfalls
    pitch-dark nights
    and unlit street corners
    they have never seen so much snow
    polar bears roll about in the parks
    walruses inhabit the fountains
    for weeks the only hot topic here has been the new currency
    it is as new as belief
    no one has learnt yet how to multiply and divide it
    beggars and buskers
    keep far away from here
    they love roadsides free of snowdrifts
    roadsides they can breathe life into for passers-by
    they love money
    that people are used to throwing away

my three queens of orient
hitch a ride on a snowplough
the driver is drunk
and he has a lot to do
he breaks fiercely into snowdrifts
he breaks huge chunks of ice off the steps of houses
makes roads out to faraway farms
beyond the lake
that has given water to your Bethlehem
since the beginning of time
finally he is breathalysed
and taken away
my queens

ronivad mäeküngale
ja vaatavad su tähte

> *see tähendab*
> *et usk on uueks saanud*
> *ütleb üks*
> *see tähendab*
> *et päästja*
> *ütleb teine*
> *see tähendab*
> *et ennast luuakse*
> *iga päev uuesti*
> *jumala pojaks ja tütreks*
> *usutakse uue jõuga*
> *oma pääsemisse*
> *ja selle kaudu päästetakse ka teised*
> *ütleb kolmas kõige vanem*
> *hommikumaa kuninganna*

siis kütavad nad kuumaks
ühe lumme mattunud sauna
viskavad kerisele viirukit ja mürri
joovad heledat kihisevat
lumesulamisvett
hüppavad hangedesse ja
jääauku
et olla eriti elus
ja puhas
homme hommikul
su tähe all

climb up a hill
and look at your star

> *it means*
> *that belief has been renewed*
> says one
> *it means*
> *the saviour*
> says the second
> *it means*
> *that every day*
> *people create themselves anew*
> *as sons and daughters of god*
> *and believe with new strength*
> *in their own salvation*
> *and through that others are also saved*
> says the third and eldest
> queen of orient

then they heat
a sauna buried in the snow
they throw frankincense and myrrh
onto the hot sauna stones
drink light effervescent
melted snow
jump into snowdrifts
and a hole in the ice
to be especially alive
and clean
tomorrow morning
beneath your star

ITK ISALE

sündisid päeval kui unesegane maa näitas end häbelikult
märtsilume alt
siis künti veel hobustega
ja troskad tormasid mööda Tallinna
veel oli esimene
Eesti Vabariik
veel oli sinu esimene elukuu
ja keegi ei teadnud
mis saab
kui Saksa väed Eestile lähenesid
õppisid sa käima
ja kui su ema 24 tundi gestaapo ülekuulamisel kinni hoiti
õppisid vist ära
kuidas jääda rahulikuks

nüüd lahkusid nii äkki

valged kardinad jäid elutuppa rippu
männid tilkuma detsembriöist vihma
toolid, mille polstrivahetuse pärast me korraks tülitsesime
on jäänud
su kümmetuhat kogutud raamatut on jäänud
ja meie jalutusrajad
kus sõnu polnud vaja
lahkusid
ja viimased veinikärbsed jäid
kööki õunte ümber hõljuma
peotäis hiinalaternaid kummutile vaasi
Rapla kiriku kaks torni jäid koduväravast paistma –
üks ema ja teine isa torn –
nii uskusin lapsena
uued kõnniteed ja ringrajad said sinu surmapäevaks valmis
ja Kõpsoni kivi mille alt jaaniöiti karjakella kõlinat kuulatasime
on vajunud sügavamale maa rüppe
eriti kirgas Pegasuse tähtkujus Jupiter
meie õunapuude kohal
jäi näitama teed Linnuteele
su imelik kolmnurkne kell jäi
teleka peale tiksuma
ja kastitäis sinu taimeteesid
jäi ootama külalisi

LAMENT FOR MY FATHER

you were born on a day when the drowsy land showed itself shyly
from beneath the March snow
ploughing was still done with horses then
and carriages thundered through Tallinn
It was still the first
Estonian Republic
and no one knew
what would happen
when the German forces were nearing Estonia
you learnt how to walk
and when your mother was held for questioning by the Gestapo
for 24 hours
you must have learnt
how to stay calm

now you have gone away so suddenly

the white curtains stayed hanging in the living room
pine trees dripping December evening rain
the chairs whose reupholstering we had once argued about
have stayed behind
your ten thousand books have stayed
and the paths of our walks
where words were not needed
you went away
and the last fruit flies stayed
floating round the apples in the kitchen
and a handful of Chinese lanterns in a vase on the sideboard
Rapla church's two steeples stayed in view from the garden gate –
one the mother steeple and the other the father –
so I believed as a child
new footpaths and tracks were finished on the day you died
and Kõpson's boulder where on midsummer eve we listened out
for a cow bell's clatter from underneath
has sunk even deeper into the lap of the land
Jupiter particularly bright in the constellation Pegasus
over our apple trees
stayed to show the way to the Milky Way
your peculiar three-cornered clock stayed
ticking on the telly
and a boxful of your herb teas
stayed to await visitors

isegi kamin jäi küdema ja saun sooja –
et te sõbrad ikka tuleksite
mu ema ja isa tornide linna
mändide tagusesse majja

lahkusid nii ruttu
et me ei jõudnud õieti hüvastigi jätta
kas see tähendab et meile on antud
veel kohtuda?

see on esimene laupäev ilma sinuta
ja need on esimesed jõulud kus sa oma kõuehäälel
ei loe jõuluvanale Jesseninit:
*... kõnnib valgel märal Kristus meie ees
meie usk on värav tõesse enda sees ...*

varsti tuleb kevad
ja ma ei näe enam su silmi kus päev-päevalt kasvab
rännukihk
aga su sünnipäevahommikul loen sulle ikka jälle oma lapsena tehtud luuletust:

*märtsilumest lõhnab hommik
pungi ajab hekk
käigu hästi sinu kummik
keset sulavett*

ausalt ma ei tea ühtegi säärast
värske õhu sõltlast
nagu sina olid
kevadeti põgenesid sa suveks otsaks
verandale magama
ja ainult igatsus ema ja AK uudiste järele
suutis sind vahel tuppa meelitada

üksi läksid sa
isa
meid ei lubatud sinu juurde
Tallinna mattis lumetorm

hommik tuli selge ja väga vaikne
täis uut ja värsket õhku

see kõik on nüüd sulle

even the fireplace stayed to burn and the sauna warm
so that you friends would still come
to our house behind the pine trees
in the town of my mother and father steeples

you went away so quickly
that I couldn't even properly say good-bye
does that mean it will be given us
to meet again?

this is the first Saturday without you
and this the first Christmas where in your thunderous voice
you won't be reading Yesenin to Father Christmas:
*... before us on a white mare goes Christ
our belief the gateway to truth within us...*

soon spring will come
and I won't see your eyes anymore where day by day
your wanderlust grows
but on your birthday morning I will still read you the poem I wrote as a child:

*the smell of morning in March snow
the hedge begins to bud
easily may your gumboots go
amid the thawing mud*

honestly I know of no one else
so dependent on fresh air
as you were
in spring you fled till summer's end
to sleep on the veranda
and only a yearning for Mother and the TV news
were able to entice you indoors now and again

you went alone
Father
we weren't allowed to go to you
Tallinn was buried in a snowstorm

morning came clear and very quiet
full of fresh new air

all of it is for you now

KRISTIINA EHIN

Kristiina Ehin is one of Estonia's leading poets and is known throughout Europe for her poetry and short stories. She has an MA in Comparative and Estonian Folklore from the University of Tartu, and folklore plays a significant role in her work. In her native Estonian she has to date published six volumes of poetry, three books of short stories and a retelling of South-Estonian fairy tales. She has also written two theatrical productions as well as poetic, imaginative radio broadcasts, one of which has also been released as a CD. She has won Estonia's most prestigious poetry prize for *Kaitseala* (Huma, 2005), a book of poems and journal entries written during a year spent as a nature reserve warden on an otherwise uninhabited island off Estonia's north coast.

Kristiina has published five books of poetry and three of prose in English translation. *The Drums of Silence* (Oleander, 2007) was awarded the British Poetry Society Popescu Prize for European Poetry in Translation, and *The Scent of Your Shadow* (Arc, 2010) is a British Poetry Book Society Recommended Translation.

Her plays and broadcasts have also been translated into English and her work, poetry and prose, appears regularly in leading English language literary magazines and anthologies in the US, UK and Ireland. She is the featured writer in *The Bitter Oleander 18:1*, with 32 pages devoted to her poetry, short stories and an in-depth interview. In addition to English, her work has been translated into 19 languages.

Kristiina lives in Estonia with her husband, the musician Silver Sepp, and her son.

ILMAR LEHTPERE

Ilmar Lehtpere is Kristiina Ehin's English language translator. He has translated nearly all of her work – poetry, prose and drama – most of which has appeared in Kristiina's nine books in his translation, as well as in numerous literary magazines. Kristiina and he have won two prestigious prizes together for poetry in translation. Their collaboration is ongoing. Ilmar lives in Estonia with his wife, the poet Sadie Murphy.

BOOKS BY KRISTIINA EHIN IN ENGLISH TRANSLATION

POETRY

The Final Going of Snow, translated with an introduction by Ilmar Lehtpere, Modern Poetry in Translation, Oxford, 2011.

The Scent of Your Shadow (bilingual), translated with a preface by Ilmar Lehtpere, introduction by Sujata Bhatt, Arc Publications, Todmorden, 2010. (Poetry Book Society Recommended Translation)

Põletades pimedust – Burning the Darkness – An Dorchadas á Dhó (trilingual), translated by Ilmar Lehtpere, with Irish translations by Gabriel Rosenstock, Coiscéim, Dublin, 2009.

The Drums of Silence, translated with an introduction by Ilmar Lehtpere, Oleander Press, Cambridge, 2007. (Winner of the Poetry Book Society Popescu Prize for European Poetry in Translation)

Noorkuuhommik – New Moon Morning (bilingual), translated by Ilmar Lehtpere, Huma, Tallinn, 2007.

PROSE

A Priceless Nest, short stories translated by Ilmar Lehtpere, Oleander Press, Cambridge, 2009.

Päevaseiskaja – South-Estonian Fairy Tales (bilingual), translated by Ilmar Lehtpere, Huma, Tallinn, 2009.

Ornamented Journey (collaboration with the Estonian textile artist Kristi Jõeste), short stories translated with an introduction by Ilmar Lehtpere, Saara, Türi, 2012.

Kristiina Ehin's English language website can be found at: www.lehtpere.blogspot.com

THE BITTER OLEANDER PRESS LIBRARY OF POETRY

Torn Apart by Joyce Mansour —*translated by Serge Gavronsky*	$14.00
Children of the Quadrilateral by Benjamin Péret —*translated by Jane Barnard & Albert Frank Moritz*	$14.00
Edible Amazonia by Nicomedes Suárez-Araúz —*translated by Steven Ford Brown*	$11.00
A Cage of Transparent Words by Alberto Blanco —*a bilingual edition showcasing multiple translators*—	$20.00
Afterglow/Tras el rayo by Alberto Blanco —*translated by Jennifer Rathbun*	$21.00
Of Flies and Monkeys/De singes et de mouches by Jacques Dupin —*translated by John Taylor*	$24.00
1001 Winters by Kristiina Ehin —*translated by Ilmar Lehtpere*	$21.00
The Moon Rises in the Rattlesnake's Mouth by Silvia Scheibli	$ 6.00
Half-Said by Paul B. Roth	$10.00
On Carbon-Dating Hunger by Anthony Seidman	$14.00
Festival of Stone by Steve Barfield	$12.00
Infinite Days by Alan Britt	$16.00
Teaching Bones to Fly by Christine Boyka Kluge	$14.00
Travel Over Water by Ye Chun	$14.00
Where Thirsts Intersect by Anthony Seidman	$16.00
Cadenzas by Needlelight by Paul B. Roth	$16.00
Vermilion by Alan Britt	$16.00
Stirring the Mirror by Christine Boyka Kluge	$16.00
Gold Carp Jack Fruit Mirrors by George Kalamaras	$18.00
Van Gogh in Poems by Carol Dine	$21.00
Giving Way by Shawn Fawson	$16.00
If Night is Falling by John Taylor	$16.00
The First Decade: (1968-1978) by *Duane Locke*	$25.00

For more information
contact us at info@bitteroleander.com
Visit us on Facebook
or
www.bitteroleander.com

BITTER OLEANDER
PRESS
2012